DENKZETTEL

IMPULSE ZUR LEBENSGESTALTUNG

DENISE RITTER

URBANESCOACHING®
DENISERITTER
proaktiv.provokativ.profitabel

© 2020 Denise Ritter

1. Auflage 2020

Autor: Denise Ritter

Umschlaggestaltung / Satz: Tina Wengler, Overath

Verlag & Druck: tredition GmbH, Halenreie 40-44, 22359 Hamburg

ISBN: 978-3-347-15881-8

DANKE!

Seit Jahren schreibe ich nun öffentlich in Form von Impulsen, Beiträgen und Gedankenbildern. Ich kann mich noch gut an den Start erinnern. Anfangs hatte ich den Eindruck, kaum Leser zu erreichen und nahezu für mich alleine zu schreiben. Dann wurde ich im „analogen" Leben auf meine Beiträge angesprochen und erfuhr so, dass viele Menschen „still" mitlesen. Nicht jeder wollte sich zu erkennen geben, vielleicht auch nicht deutlich machen, welche Themen einen bestimmten Nerv getroffen haben. Mir wurde klar, dass die Auseinandersetzung mit Lebensthemen und der Austausch darüber nicht selbstverständlich ist und vor allem im Business von vielen noch kritisch beäugt wird. Ich schrieb weiter, einfach, weil ich es liebte.

Irgendwann kamen die Likes, erste Kommentare, Kontaktanfragen, auch von Menschen, die ich nicht persönlich kannte. Es werden täglich mehr Menschen, die meine Beiträge lesen, manche still und passiv, andere aktiv, indem sie ihre persönlichen Gedanken, Ansichten und Erfahrungen einfließen lassen. Meine Arbeit wird empfohlen und Menschen teilen meine Posts in ihren Kreisen.

Ab und zu gibt es auch Menschen, die sich an mir stoßen, mich irritieren, herausfordern. Damit kann ich leben. Was ich tue, muss nicht jedem zusagen, und ich darf lernen, mit allem umzugehen.

Es freut mich, meine Beiträge nun auch gesammelt in Buchform weitergeben und verbreiten zu können. Insgesamt ist es eine erstaunliche Entwicklung, die mich berührt. Dass sich eine solche Wirkkraft und Dynamik entfalten würde, habe ich in manchen Momenten vielleicht gehofft, aber ganz sicher nicht erwartet.

Ich bin überaus dankbar für jede(n) einzelne(n), der (die) mitliest .

Danke, dass ich Sie inspirieren, anregen und berühren darf:
im Geiste, im Herzen... im Leben.

Sie beflügeln mein Schreiben.

Denise Ritter

LEBEN, LACHEN, LIEBEN

Wann war dein „letztes" Mal? Nein, ich meine nicht, wann du zum letzten Mal Sex hattest. Wobei… ehrlich gesagt die Frage in diesem Kontext hier durchaus auch Sinn machen würde. Du darfst dich also gerne beides Fragen, auf jeden Fall aber:

Wann habe ich zum letzten Mal herzhaft gelacht, mich lebendig gefühlt und mein Leben – in dem Moment – richtig geliebt?

Mit sich und seiner Welt in Einklang zu sein ist eine wundervolle Erfahrung. Sie stellt sich jedoch selten einfach ein. Zufrieden sein, glücklich sein, erfüllt sein… wie komme ich bloß da hin?

Auch auf die Gefahr hin, hier viele zu enttäuschen: Es reicht nicht, einen achtwöchigen Kurs zu besuchen, mit Yoga oder Meditieren zu beginnen, sich ein paar Bücher zu kaufen, die Ernährung umzustellen, Sport zu treiben oder was viele Coachs und Therapeuten so gerne als Wege zum Glück „verkaufen". All diese Dinge werden sicher nicht schaden und wahrscheinlich etwas Positives bewirken in deinem Leben. Aber dass sie dich wirklich dauerhaft glücklich machen, dich erfüllen, dir Zufriedenheit schenken, ganz tief innen und außen, das bezweifle ich.

„Glück" und „Zufriedenheit" bedeuten für jeden etwas anderes. Was der eine braucht, um alle Sorgen, Gedanken und Nöte für eine Weile loszulassen und sich für einen Moment einfach nur hinzugeben, kann bei dem anderen schon für Unbehagen und Unwohlsein sorgen. Sein Glück muss wirklich jeder selbst finden. Das bedeutet: Du musst dich selbst dazu aufmachen.

Weißt du, was in dir ein Gefühl von Zufriedenheit weckt? Weißt du, was dich wirklich erfüllt, im besten Sinne ausfüllt? Weißt du, was dich glücklich stimmt? Was von dem, was du tagtäglich tust, bereitet dir Lust und Freude?

Manche Menschen sind nicht bereit, ihr Leben dementsprechend umzugestalten. Man müsste „zu viel" verändern. Ungelebte Träume, angestaute Sehnsüchte, Lebensfrust sind die Folge. Man lebt weiter, sicher, irgendwie … und irgendwann dann Schluss, aus, vorbei. eine sehr fragliche, höchst ungesunde Lebenseinstellung!

Andere erkennen und gestehen sich ein, wenn ihr Leben sie unglücklich macht bzw. korrekterweise, dass sie sich unglücklich machen, so wie sie leben, und beschließen, ihr Leben umzugestalten. Manchmal braucht es eine einschneidende, radikale Veränderung, damit sich das Glück (wieder) einstellen kann. Trennung, Umzug, Jobwechsel: Diese Sprünge verhelfen letztlich dazu, wieder bei sich selbst anzukommen, ein selbstbestimmtes Leben zu führen.

Manchen fehlt gar nicht viel zum eigenen Glück. Sie haben schon viel dafür getan und leben im Grunde genommen schon so, wie sie es sich einst vorgestellt haben oder wünschten. Sie setzen ihre Lebenszeit ein für das, was für sie von Sinn und Wert ist, und tun, was ihnen wichtig ist. Sie haben erkannt, dass sie selbst verantwortlich sind für ihr Glück, und dass ihnen dieses niemand schenken wird und kann, außer sie selbst.
Sie sind sich ihrer Verantwortung, der Tatsache, es selbst in der Hand zu haben, sehr bewusst. Doch selbst wer im Grunde ein zufriedenes und erfülltes Leben führt, kann schnell vergessen, wie glücklich er doch sein bzw. sich eigentlich fühlen könnte. Man wird von den Sorgen des Alltags überrollt, steckt in einem zu engen Zeitkorsett oder lebt so routiniert, dass das Gefühl außer Acht gerät. In diesem Fall empfiehlt es sich, einen Gang runter zu schalten, sich Zeit zu nehmen und sein Leben (wieder) bewusst zu (er)leben - mit echter Freude, Lust und Hingabe: Leben. Lachen. Lieben.

Wie schaffst du Raum und Zeit zum Glücklich sein?
Wann hast du dir zuletzt bewusst gemacht, welches „Glück" du eigentlich hast?
Wofür kannst du jetzt, in diesem Augenblick, dankbar sein?

Wenn du zu jenen gehörst, die glücklich sind und sich noch an ihr „letztes Mal" erinnern können: vergiss nicht, dich auch bei dir zu bedanken.

Glücklich sein ist kein Zufall.
Es ist (d)ein Lebens Erfolg.

WENN DU DICH NICHT ZEIGST, WIRST DU AUCH NICHT GEFUNDEN.

WARUM ODER WIE?

In einer Weiterbildung vor ein paar Jahren kam ich mit einem Zitat von Nietzsche in Kontakt:
„Hat man sein Warum des Lebens, so verträgt man sich fast mit jedem Wie."
Meine damalige Ausbilderin formulierte es damals etwas anders, mit ihren Worten:
Wer sein Warum kennt, erträgt fast jedes Wie.

Rückblickend muss ich sagen, ich habe es damals gar nicht richtig verstanden. Das Zitat berührte mich, es blieb mir auch fest im Gedächtnis und tauchte immer wieder in meinen Gedanken auf, doch es erschloss sich mir nicht. Ich kämpfte damit bis ich zum ersten Mal eine Erfahrung machte, die dazu passte. Seitdem liebe ich es, mir gibt es Kraft.

Vielleicht kann es dir auch dienen…

Wir alle entscheiden uns für ein bestimmtes Leben.
Wir entscheiden uns für eine bestimmte Arbeit, suchen uns Aufgaben, die uns ausfüllen.
Wir begeben uns in Partnerschaften, gründen Familien, knüpfen Freundschaften. Andere führen offene Beziehungen, sind gerne Single, lieben das vollkommen Unabhängige.
Wir bauen ein Haus auf dem Land oder sind doch am liebsten im Altbau in der Stadt, ziehen um die Welt.
Wir fahren Auto oder Pedelec, fahren öffentlich, laufen um die Welt.
Wir essen Slowfood, Peacefood, Superfood, trinken Kaffee oder Smoothies.

So ziemlich alles ist denkbar und möglich….

Kennst du dein Warum?

Also ganz gleich, wie du lebst, weißt du, warum?
Weißt du, warum du so lebst / liebst / arbeitest / wohnst / isst /
… und welchen Sinn es für dich macht?

Ich frage dich deswegen, weil ganz egal, wozu du dich entschieden hast und wie sehr du das liebst, was du hast, es wird vielleicht einmal der Tag kommen, an dem du es satt hast, an dem es dir zu viel ist, und an dem du etwas anderes willst als eben das, ja genau das, was du hast und alltäglich tust.
Im Leben eines jeden Menschen gibt es Tage, an denen uns der beste Job / die tollste Beziehung / das schönste Singledasein / die wunderbarsten Kinder / … was auch immer einmal zum Hals raushängen, und wir am liebsten rausgehen und uns etwas anderes suchen möchten.
Ich bin mittlerweile überzeugt davon, dass nur die die Kraft und die Nerven haben, trotzdem

dabei zu bleiben und den gewählten Weg fortzusetzen, die den Grund dafür fest in ihrem Bewusstsein tragen und einen wirklichen Sinn darin sehen.
Ich habe es selbst erlebt.

Sein Warum zu kennen und selbst in den belastenden und anstrengendsten Zeiten den Sinn für sich selbst zu sehen, kann einem tatsächlich über das Wie hinweghelfen. Wer sein Warum kennt, behält selbst in schweren Momenten das Negative nicht im Blick, sondern ist auch imstande, das große Ganze zu sehen und die mehrheitlich positiven Aspekte und den Wert einer Lebensentscheidung (wieder) ins Blickfeld zu rücken.

Wer sein Warum kennt, findet immer einen Weg sich seinem Leben wieder hinzugeben.

Wie könntest du die Freude über dein Leben wieder erwecken?
Wie könntest dich wieder mit Hingabe deinen Aufgaben, Beziehungen usw. widmen?
Was gilt es wieder mehr ins Blickfeld zu rücken?
Hast du dein Warum schon gefunden?

GEHE DEINEN WEG, NICHT MEINEN.

RATSCHLÄGE DARF MAN AUSSCHLAGEN!

Häufig berichten mir Klienten von Schwierigkeiten im Umgang mit Ratschlägen. Bestimmt kennst du solche Situationen. Du bist auf einer Party, einem Familienessen oder einem geschäftlichen Event. Du erwähnst, vielleicht unbedacht, dass dich gerade eine Frage oder ein Problem beschäftigt. Du hast Liebeskummer, Ärger mit deinem Chef, die Kinder sind krank… und schon geht es los.

„Das kenne ich auch…"
„So erging es mir auch mal…"
„Wieso versuchst du nicht das mal…"
„Mach es doch so…"
„Also, ich an deiner Stelle…"
„Was mir echt geholfen hat…"
„Was ich dir wirklich empfehlen kann…"

Oft spielt es gar keine Rolle, ob du augenblicklich überhaupt Rat suchst oder möchtest. Ratschläge werden einfach zu gerne gegeben, schließlich kann der Ratgebende sich dabei wichtig, kompetent und erfahren fühlen. Aber sollte man sie deswegen annehmen? Ratschläge können wie ein plötzlicher Regen auf einen herein prasseln und nicht immer ist es leicht, sich ihnen zu entziehen. Man möchte nicht unhöflich sein, wenn jemand freundlich Hilfe anbietet und das auch noch kostenlos. Im Coaching ist guter Rat teuer, und sooo ratlos ist man ja auch wieder nicht.

So hören die meisten dann doch mit einem Ohr hin, auch wenn sie dadurch zunehmend unter Druck kommen entsprechend zu handeln und später oft nicht wissen, wie sie aus der „Nummer" wieder heraus kommen, oder aber sie setzen den Rat um in die Tat, um dann einige Zeit später eine bittere Enttäuschung zu erleben.

Aus meiner Erfahrung bergen Ratschläge tatsächlich ein extremes Gefahrenpotential. Ich habe schon jahrelange Geschäftsbeziehungen und Freundschaften zerbrechen sehen und erlebt, wie in Unternehmen folgenschwere Entscheidungen getroffen wurden.

Was ist denn das Problematische bei Ratschlägen?

Die Ratschläge, die man erhält, spiegeln oft wieder, was die Person selbst in dieser Situation tun würde. Das, was dieser Person in ihrer Situation geholfen hat, muss aber nicht unbedingt das sein, was dir in einer vergleichbaren Lage hilft. Du bist anders, besitzt andere Prägungen, Vorerfahrungen und Wertvorstellungen. Auch wenn du und die ratgebende Person euch schon lange kennt, könnt ihr euch in dem, was ihr braucht, sehr unterscheiden – auch, wenn ihr zum Beispiel Freunde oder gute Geschäftspartner seid.

Wenn das, was dir geraten wurde, in der Praxis nicht „aufgeht", wirst du es dieser Person nachtragen, es ihr vielleicht sogar übel nehmen und dich ihr nicht mehr anvertrauen.

Besonders verhängnisvoll sind Ratschläge von Menschen, die einem nur scheinbar wohl gesonnen sind, tatsächlich aber missgünstig oder neidisch eingestellt sind. Diese benutzen Ratschläge sehr gerne, um den Erfolg anderer zu behindern, zu sabotieren oder zu minimieren. Gerade im Business werden Ratschläge oft nicht selbstlos gegeben, sondern ganz bewusst aus eigenen, möglicherweise verdeckten Interessen angebracht. Ich könnte einige Beispiele anführen, in denen andere subtil zu Fall gebracht wurden, zum Beispiel. Um selbst einen erhofften Posten oder Gelder für ein Projekt zugesprochen zu bekommen.

Nicht zu unterschätzen sind auch die Ratschläge von Angsthasen. Sie sind offensichtlich nicht gewillt und imstande das Empfohlene selbst zu vollziehen, aber sie drängen gerne andere dazu.

„Komm, das musst du unbedingt tun!"
„Das solltest du unbedingt ausprobieren."
„Ich fände es richtig klasse, wenn du das machst."
„ Wenn du dich das traust, gebe ich einen aus."

Warum? Sie wüssten gerne, ob es funktioniert, trauen sich selbst aber nicht es herauszufinden. Natürlich haben sie selbst große Bedenken, dass das Empfohlene wirklich zum Erfolg führt, oder ihnen erscheint der Versuch grundsätzlich zu kostspielig, sonst müssten sie ja niemanden vorschicken.

Es lohnt sich also durchaus, sich nicht von Ratschlägen vereinnahmen zu lassen, sondern sehr genau zu überlegen. Ratschläge darf man ausschlagen!

Sind Ratschläge nun per se schlecht?

Nein, aber man sollte sich gut überlegen, wem man sich anvertraut, mit gutem Grund. Gibt es für knifflige Fragestellungen Experten, die im Übrigen gar keinen Rat geben, sondern zu erstaunlichen Lösungen verhelfen und die Schritte in der Umsetzung begleiten.

Dennoch kann man „gewöhnlichen" Ratschlägen etwas abgewinnen, zum Beispiel, indem du dich fragst, um welchen Aspekt es deinem Ratgeber im Kern geht. Wenn er sagt, „Ich würde die Sache sofort beenden", geht es ihm wahrscheinlich darum, dass du dich selbst wichtig nehmen und eine Veränderung nicht auf die lange Bank schieben sollst. So formuliert stimmt es vielleicht auch, und du kannst dir überlegen, welches Verhalten dementsprechend tatsächlich angebracht wäre.

In welcher Frage oder Sache brauchst du aktuell Rat?
Traust du dir zu, deinen Weg selbst zu finden?
Wie distanzierst du dich von ungebetenen Ratschlägen?
Woran erkennst du, dass ein Weg für dich stimmig ist?

WER STÄNDIG AUF
ANDERE ZÜGE
AUFSPRINGT,
VERPASST
VIELLEICHT
DEN EIGENEN.

ICH IM UMGANG MIT ANDEREN

Ist dir bewusst, welche Einstellung und Haltung du innerlich einnimmst, wenn du mit anderen Menschen zusammenkommst? Aber auch im Verhalten: Was hat sich über die Jahre eingeschliffen? Gibt es Situationen, in denen du denkst „typisch ich, mal wieder…", und immer, wenn du versuchst, daran etwas zu ändern, wirst und wirkst du unsicher…?

Es gibt Menschen, die kommen mit wenigen Worten aus, sie sind im Zusammensein mit anderen Menschen vorsichtig und wahren gerne die Distanz.. Andere sind kommunikativ, zugewandt, hilfsbereit. Manche sind echte Lebensoptimisten, während andere beinah ständig „schlecht drauf" sind und jede Gelegenheit nutzen zu nörgeln, wann und wo es nur geht. Andere witzeln, provozieren, überspielen, harmonisieren, verletzen… manche suchen den direkten Weg, andere schlagen Haken.

Die Möglichkeiten, anderen zu begegnen sind vielfältig.

Hast du dich schon einmal genau beobachtet, wenn du mit anderen zusammen bist? Welche Gefühle, Gedanken, Verhaltensweisen begleiten dich?

Manches ist vielleicht schon so zur Gewohnheit geworden,
dass es kaum noch hinterfragt wird…

Ich muss auf die anderen zugehen.
oder: Sollen sich die anderen doch bemühen!

Ich sollte klären, was hier los ist.
oder: Nicht mein Problem, wenn hier dicke Luft ist!

Die anderen wissen und können mehr als ich.
oder: Mein Gott, was sind die alle doof!

Vielleicht sollte ich…?
oder: Also, ich mache das ganz sicher nicht!

Diese knappen Beispiele zeigen, wie unterschiedlich und ja, gegensätzlich, die Haltungen mitunter sein können und welche Dynamiken infolgedessen im Zusammensein mit anderen entstehen können. Manch einer ist schon mit dem Kopf durch die Wand, während der andere noch nach dem Ausgang sucht…
Ganz gleich, welcher „Typus" du bist, welche Einstellungen und Verhaltensweisen dir

im Umgang mit Menschen zu eigen sind, frage dich doch einmal:

Fühle ich mich (noch) wohl damit?

Will ich so sein?

Wie will ich auf die Menschen zugehen?

Welche grundsätzliche Einstellung bzw. Haltung möchte ich im Umgang mit anderen ab sofort an den Tag legen?

Wie könnte ich das „üben"?

Wir alle können uns weiter entwickeln und an unserer Art „feilen". Wir müssen uns nicht verbiegen oder verstellen, für nichts und niemanden. Wir können und dürfen, nein, sollten sogar im Zusammensein mit anderen einen Weg finden, der uns entspricht. Wir können bewusst wählen. Hast du dich schon einmal mit solchen Fragen beschäftigt und dich kritisch mit dir selbst auseinander gesetzt?

BIST DU BEREIT UNKONVENTIONELLE WEGE ZU GEHEN?

REIFEZEIT – KLINGT IRGENDWIE ALTMODISCH, NICHT?

Dem Wortsinn gemäß ist die Reifezeit nichts anderes als die Zeitspanne, die benötigt wird, damit etwas reif wird.

Wenn es um Obst- und Gemüseanbau geht, ist natürlich sofort klar, worum es geht: Dem winzigen Samen entspringt nach einer gewissen Wachstums- und Entwicklungsphase ein prächtiger Apfel. Doch wie sieht es aus, wenn es um deine menschliche Entwicklung geht, um dich und dein „Reifen" und Werden?

Kannst du dir Zeit geben, um in etwas hinein zu wachsen? Oder willst du eher gleich alles sofort können und perfekt ausfüllen?

Mehr und mehr fällt mir auf, dass es in der heutigen Zeit sehr wichtig zu sein scheint, repräsentabel zu sein und ein vorzeigbares Leben zu haben. Sichtbarkeit und perfekter Lifestyle sind „in".. So wollen immer mehr Menschen schnell zu etwas werden, ein (vor allem von außen betrachtetes) interessantes Leben führen und in dem, was sie tun, Erfolg haben oder zumindest erfolgreich erscheinen. Es geht darum, ein bestimmtes Ideal zu erreichen und zu verkörpern, das jedoch am liebsten bitte möglichst schnell, mit nicht zu viel Investition von Zeit, Kraft, Nerven, Gefühlen oder Geld.

Ganz egal, ob man ein erfülltes Leben, einen gesunden Geist, ein hohes Einkommen, eine stabile Beziehung, ein selbstbewusstes Auftreten oder eine Familie haben möchte… überall lauert professionelle Hilfe von außen, werden komfortable Abkürzungen versprochen: Alles ist möglich, kann man erreichen, lässt sich beschleunigen, schlimmstenfalls manipulieren.

Wir werden überflutet von Challenges, Erfolgscoaches, Apps, … und immer mehr Menschen suchen nach Umwegen, Übersprüngen und ökonomischen Methoden für die persönliche Entwicklung.

Gibt es noch so etwas wie eine natürliche Reifezeit?

Mich stimmt es traurig, wenn ich erlebe, wie wenige Menschen sich heutzutage noch wirklich die Zeit geben (können), um persönlich zu reifen und sich zu der Person zu entwickeln, der oder die sie sein wollen. Immer weniger Menschen können die „unreife" Zeit aushalten und setzen sich selbst unter Druck und haben extrem hohe Erwartungen, an sich selbst, aber auch an das Umfeld. Das Ziel ist gleich anzukommen, super erfolgreich zu sein und sich obendrein auch noch mega wohl zu fühlen. Ganz gleich, ob in einer Beziehung, einer neuen Rolle oder Aufgabe.

Es soll bitte sofort alles stimmen, vor allem in der Außenwirkung.
Wer gibt schon gerne zu, in einer neuen Situation zu sein und sich dabei zeitweise unsicher, überfordert und unglücklich zu fühlen? Wen interessiert neben dem Ziel noch der Weg, die Zeit dazwischen? Wie wird sie gesellschaftlich honoriert? Wer traut sich bestimmte Entwicklungsschritte im Leben überhaupt noch „alleine" zu und schenkt sich selbst eine natürliche Reifezeit?

Für jedes Problem gibt es heutzutage einen Coach, und an jeder Ecke werden Dienstleistungen angeboten, die einem nur zu gerne das abnehmen wollen, was einem persönlich zu viel wird. Nichts im Leben muss mehr schwer sein, so wird es zumindest suggeriert.

So kommt es, dass Jobs gekündigt, Lebenspartner gewechselt, Kinder in Krippen gegeben, Leidenschaften und Interessen aufgegeben werden, und man nicht mehr erlebt, was man ursprünglich einmal werden wollte und auch noch hätte werden können, mit etwas mehr Liebe, Zeit, Mut und Geduld: eine gelassene Führungsperson, eine ausgeglichene Mutter, ein fröhlicher Musiker, ein verlässlicher Partner, eine umweltbewusste Person, ein fantastischer Koch…

Aus Erfahrung weiß ich, alles, was „gut" werden will und soll braucht Zeit und Erfahrung.
Zum Leben gehört, sich dessen Anforderungen zu stellen und Verantwortung zu übernehmen, Schritt für Schritt.
Wer versucht, dir schnelle Erfolge oder Entwicklungen zu verkaufen oder gar abzunehmen , hat vom Leben selbst wenig Ahnung und den Sinn des Lebens nicht verstanden. Es kann dir gefährlich schaden und dich vieler kostbarer Momente berauben.

Darum: versuche nicht gleich, alles zu sein oder zu haben, und es dir immer möglichst einfach zu machen. Erlaube dir, zu reifen, zu wachsen, zu werden. Lerne auch mal im Sturm und im Regen zu stehen. Dein Leben darf auch mal schwer oder unschön sein, und du musst nicht alles sofort und perfekt können. Du darfst zweifeln, unsicher sein, Umwege gehen und fragen haben, auf deinem Weg.

Lass dein Leben in deinem Tempo gedeihen und widerstehe Angeboten, es künstlich herauszuziehen.

Triff reife Entscheidungen.

EIN SPAGAT
ERSCHWERT DEN
GROßEN SPRUNG,
AUßER DER
SPAGAT IST DER
GROßE SPRUNG.

WAS HAST DU GELERNT?

Ich halte zu bestimmten Anlässen, an Geburtstagen oder am Ende eines Kalenderjahrs, gerne Rückschau und frage mich, was ich gelernt habe.

Gibt es etwas, das du in diesem Jahr lernen oder erstmalig erfahren durftest?
Gibt es etwas, das dir nun zu Eigen ist, wofür du zutiefst dankbar bist?

In diesem Jahr habe ich zum Beispiel gelernt, meine Kräfte genau wahrzunehmen und, wo sinnvoll oder nötig, Hilfe anzunehmen. In beruflicher Hinsicht ist mir das nie besonders schwer gefallen, aber im Privaten hat es mich durchaus Überwindung gekostet. Als meine Kinder krank waren, mein Mann verreist, die Familie nicht in der Nähe, ich müde und erschöpft von schlaflosen Nächten... und plötzlich das Angebot:" Ich könnte das für dich machen." „ Ich könnte das für dich übernehmen". „Wenn du möchtest, können wir... ". „Kleine" Dienste: Den Großen in den Kindergarten bringen, einkaufen gehen, einen Termin tauschen, ein Bad einlassen, hinhören. .....Ich nenne es mal „aufmerksames entlasten".??

Uuuuuuhhh! Früher hätte ich mich bedankt, sehr gerührt, aber auch gesagt, das schaffe ich schon oder mache ich lieber alleine. Hätte ich das Angebot angenommen, hätte ich mich dafür geschämt, anderen zur Last zu fallen und zusätzliche Arbeit zu bereiten. Ich wollte mich auch nicht schwach zeigen, lieber über meine Grenzen hinweg sehen.
Zum Glück habe ich hinzu gelernt, ja, vertraut. Ich habe mich umgeschaut, schnell verstanden, dass es jeder Mutter, jeder ehrgeizigen Frau, jedem Menschen irgendwann auch mal zu stressig oder zu viel wird. Und dass es vor allen Dingen sehr verbindend sein kann, wenn man es sich eingesteht. Inzwischen habe ich auch keine Angst mehr davor, schwach zu sein, denn ich weiß, ich bin stark, sehr stark. Alle, die mich näher kennen, wissen, was ich jeden Tag leiste. Es sind nur ganz wenige Tage, an denen ich mich zu recht kraftlos fühle.
In diesem Jahr habe ich mich an diesen Tagen auch genauso gezeigt. Ich habe Unterstützung dankbar angenommen. In der Folge habe ich mich beachtet und getragen gefühlt.
Beziehungen haben sich intensiviert. Ich habe gelernt,
Geben ist schön – Nehmen aber auch!

Allen Menschen, die mir zu meiner neuen Erfahrung verholfen haben, danke ich von Herzen.

Was hast du in diesem Jahr gelernt?
Gibt es Menschen, denen du danken möchtest?

KÖNNEN UND KLARHEIT - NICHT ZU ÜBERBIETEN.

BIST DU, WER DU SEIN WILLST?

Mal ehrlich, Hand auf's Herz: Wie oft hast du dich in dieser Woche anders verhalten, als du eigentlich wolltest?
In welchen Situationen hast du etwas gesagt oder getan, das du hinterher bereut hast?
Oder genau anders herum: Wann hättest du gerne etwas gesagt oder getan, und hast es dann doch nicht?
In welchen Momenten warst und vor allem bist du nicht authentisch, kommunizierst du nicht ehrlich, verhältst du dich unaufrichtig?

Es ist eine Herausforderung – ich glaube, für jeden von uns – „echt zu sein": sich wirklich und klar zeigen, gerade heraus sprechen, für die eigenen Überzeugungen und Bedürfnisse eintreten, sich seiner selbst sicher sein, Unterschiede deutlich machen, auch mal abweichen, Kontra geben, Nein sagen, sich abgrenzen.

Traust du dich zu sein, wer du bist, wer du sein willst?

In Gruppen und in engen Beziehungen fällt es besonders schwer, in der Familie, im Kollegen- und Bekanntenkreis, dem Partner gegenüber, … . Man möchte niemanden verletzten, man möchte nicht auffallen, es nicht zu kompliziert machen, für Harmonie sorgen, nicht zu viel aufheben um eine Sache machen, nicht doof da stehen, und und und. offensichtliche Konflikte werden umschifft, diplomatisch im Zaun gehalten oder klammheimlich „vergessen", versäumt. Gründe zu „betrügen" gibt es viele.
An der Stelle das Wort Betrug zu gebrauchen mag hart erscheinen, doch es ist leider so: Wer – aus welchen Gründen auch immer – nicht ist, wer er ist, wer nicht deutlich zeigt, wer er ist, betrügt, wer täuscht seine Mitmenschen, doch vor allem sich selbst. Fassaden werden errichtet, scheinheile Welten konstruiert, echte zwischenmenschliche Begegnungen verhindert – bewusst oder unbewusst.

Leider haben viele Menschen mittlerweile regelrecht Angst davor, frei nach ihrer Facon zu leben und Charakter zu zeigen. Angst davor, sich klar auszudrücken und eine persönliche Haltung zu bewahren. Sie haben Angst davor, zu sein, wer sie sind, und verlieren das Gefühl für das, was ihnen wichtig ist, letztlich für sich selbst.

Wenn du sein willst, wer du bist, brauchst du Mut.
Dazu: Ehrlichkeit.
Ehrlichkeit mit dir selbst.
Nebenbei bemerkt: Wer ehrlich mit sich selbst ist, ist es viel leichter auch mit anderen…
Also, frage dich:

Was denke, fühle, will ich?
Was brauche ich?
Was ist aktuell mein Bedürfnis?
Wie kann ich jetzt, in dieser Situation, wirklich ich sein, bei mir bleiben?

Wenn du das weißt, hast du SELBSTKLARHEIT.
Diese drücke aus, auch in deinem Verhalten, wenn du innen klar bist, sei's auch im Außen.
Sei und bleibe dir treu, ermahne dich selbst immer wieder dazu. Das schafft Vertrauen.

Lerne, dich wichtig zu nehmen.
Du darfst sein, wer du bist.
Wie du willst.

DER ABSTAND BESTIMMT DIE ENTFERNUNG.

LÄSST DU DICH EIN?

Eigentlich braucht es doch nicht viel: Etwas Raum, Zeit, Aufmerksamkeit, und schon ist alles im Blick…? Nein, weit gefehlt. Um sich wirklich einlassen zu können – auf ein Gespräch, eine Reise, eine unerwartete Situation, eine Arbeit, Beziehung… –
braucht es viel, viel mehr.
Deine Fähigkeit dich einzulassen wird, von deiner Offenheit und Neugier, der Art deiner Wahrnehmung, deinen ganz persönlichen Einstellungen und deinen Erfahrungen beeinflusst.

Bist du ein guter Zuhörer, aufmerksamer Beobachter, stiller Mitdenker, leidenschaftlicher Lauscher, mitschwingender Ohrgeber?
Suchst du Aufregung, Anregung, Entspannung?
Wenn du an der Schwelle des Einlassens bist,
welcher Teil von dir öffnet, sträubt oder wehrt sich?
Welche Gefühle, Bedürfnisse, Sehnsüchte oder auch Ängste ‚melden‘ sich?
Was denkst, fühlst, tust du gegenwärtig?

Alte Verletzungen und schmerzhafte Erinnerungen können wach werden und von einer Sekunde auf die nächste Sekunde verhindern, dass du dich einer Person oder Situation vertrauensvoll annäherst. Ein bestimmter Geruch, ein falsches Wort, eine bestimmte Gangart,… schnell sind die Schotten dicht.
Auch deine aktuelle Tagesform und äußere Einflüsse spielen eine wichtige Rolle. Wenn du unausgeschlafen bist, frierst / hungrig bist / unter Zeitdruck stehst / … oder es um dich herum sehr laut und turbulent zugeht, kann es sehr anstrengend bis unmöglich sein, dich auf etwas oder jemanden einzulassen. Wenn du dich wirklich einlassen willst, kannst du selbst viel dafür tun.

Schaffe optimale Bedingungen!

Handys oder andere moderne Kommunikationsmittel können echte „Killer" in dem Zusammenhang sein. Ganz egal, ob wir im Urlaub, bei der Arbeit oder abends im Bett sind. Sie verhindern regelrecht, dass intensives Erleben sowie feinsinniges Hingeben und Zuwenden zustande kommen. Ein Summen, ein Piepen, ein Mal schnell ablichten, drüber wischen, einen Blick auf das Display werfen… Ablenkung ist quasi allzeit willkommen.
Bloß nicht zu viel spüren, fühlen!

Wie erlebst du dich, wenn es um echtes Einlassen, intensives sich begegnen oder erleben geht?
Wie verhältst du dich?
Was passiert innerlich, was körperlich?

Alltäglich sind wir Situationen ausgesetzt, in denen wir eine Wahl treffen können und uns entscheiden müssen: Will ich mich einlassen oder abgrenzen? Du kannst dich in eine Arbeit vertiefen, einen Sonnenaufgang mit allen Sinnen genießen, leidenschaftlich diskutieren, ausgelassen mit deinen Kindern im Bett herumtollen. Du kannst aber auch „nein" sagen, innerlich auf Abstand gehen und deine Aufmerksamkeit auf etwas anderes lenken. Die dritte Möglichkeit: Du bist nur ‚halb' dabei. Du kennst solche Situationen…

Lässt du dich ein?
Spürst du, worum es geht?
Wofür bist du offen?
Was lässt du ein, darf an dich heran kommen, dich berühren?

Sich einlassen bedeutet sich selbst und seine(n) Mitmenschen / seine Umwelt bereitwillig wahrzunehmen und bewusst zu spüren. Es bedeutet echtes und präsentes Dasein, erreichbar sein, in Verbindung gehen. Es bedeutet vertrauensvolles in mich Aufnehmen und oft auch etwas erwidern, zurückgeben, in Worten, Gesten, Gedanken, Bildern. Echtes, aufrichtiges sich Einlassen ermöglicht Bindung, Entwicklung, Transformation, Wachstum und Heilung.

Was tust du, um (immer wieder) bei dir anzukommen?
Was tust du, um dich im Kontakt mit deinen Mitmenschen und der Natur lebendig zu fühlen?

Das wichtigste scheint mir zu sein:
Entscheide dich ganz klar dafür!

Nahe Momente und echte Begegnungen werden oft einfach nur deswegen verpasst, weil man sie sich nicht ‚vorgenommen' hat. Mach' sie dir also zur Tagesaufgabe, erinnere dich schon morgens beim Sprung aus dem Bett daran und bringe dich in eine passende Stimmung. Freue dich darauf, dich immer wieder voll und ganz hinzugeben und Menschen und Situationen echt zu begegnen! Achte auf deine innere Haltung, deine Sprache, deinen körperlichen Ausdruck, deine Ausstrahlung.

Mit sich selbst in verschiedenen Situationen immer wieder achtsam sein und sich kurz fragen: „Worauf will ich mich einlassen? Worauf richte ich meine Aufmerksamkeit, meinen inneren Blick? Was ist mir wichtig?", Das hilft schon ungemein. Mit deinem Verhalten lädst du andere dazu ein, sich ‚wirklich' mit dir einzulassen.
Lege das Handy weg, weit, weit weg. Noch besser: Erlaube dir gezielt Auszeiten. Flugmodus, Timer oder persönliche Off-Spots können hier helfen. Wann warst du denn zum letzten Mal

eine längere Zeit offline und hast die Welt um dich herum mit allen Sinnen wahrgenommen?

Also, sei doch mal wieder „online" mit dir und deinen liebsten und
schau' der Welt direkt ins Auge!
Richtig mutig:
kein Alkohol, kein Nikotin, keine Nebentätigkeiten, keine Übersprunghandlungen.
Keine Floskeln, Phrasen, Ausreden. Nur tun und sagen, was auch im Herzen ja stimmt. Das
wird aufregend :-).

Wenn du so schon lange nicht mehr ‚unterwegs' warst, wirst du dich am Anfang wahrscheinlich extrem komisch fühlen. Versuche trotzdem nicht gleich wieder in gewohnte Muster und
vertraute Komfortzonen zu springen. Schenke dir selbst neue Erfahrungen, lerne dich kennen
und erlaube dir, flexibel auf das einzugehen, was kommt und sich zeigt. Lerne dich hinzugeben und anzunehmen.

Einlassen…
Reinlassen…
Raus kommst du in der heutigen Zeit…
sowieso immer… schneller… .
Leider.

KANNST DU AUCH ANDERS?

ÜBER DIE KLEINLICHKEIT

Kleinlichkeit ist ein Wesenszug, der richtig nervig sein kann.

Wo triffst du auf kleinliches Verhalten? Wann hat es dich zuletzt geärgert?
An dir selbst oder in deinem Umfeld?

Hierzu habe einmal ein paar Beispiele gesammelt:

Du schenkst deiner Mutter zum Geburtstag ein extravagantes Parfum, das sie sich schon lange gewünscht hat, und dein Vater kommentiert es mit den Worten, das sei doch Verschwendung, du hättest besser etwas Sinnvolles kaufen sollen.

Du steckst richtig viel Energie in ein Projekt und gibst ihm den aus deiner Sicht nötigen Feinschliff. Beim Kunden kommt es auch sehr gut an, aber dein Chef findet, du hättest die Zeit verplempert und besser in eine andere Aufgabe investiert.

Du bist schon lange nicht mehr ohne Kinder ausgegangen und überraschst deinen Mann mit zwei Konzerttickets. Doch er beschwert sich über die lange Anreise und den Zeitpunkt.

Deine kleine Tochter bastelt ihr Geschenk zum Vatertag. Als sie fertig ist, zeigst du ihr die Stellen, an denen sie zu viel Kleber aufgetragen hat und kratzt schnell den überflüssigen Kleber ab.

Was ist Kleinlichkeit?
Kleinliches Verhalten wird oft mit Engstirnigkeit, mangelndem Weitblick, übertriebener Genauigkeit oder auch Sparsamkeit umschrieben und in der Umgangssprache als „Pingeligkeit", „Kleinkariertheit" oder „Korinthenkackerei" bezeichnet.

Dem Verhalten – dem eigenen oder / und dem anderer – wird ein ganz bestimmter Maßstab oder Wert zugrunde gelegt (zum Beispiel Perfektion, Effizienz, Verhältnismäßigkeit oder Praktikabilität). Der Blick ist auf die Erfüllung dessen ausgerichtet, und alles, was davon abweicht oder diesem in gewisser Weise widerläuft, wird ausgeblendet oder wortwörtlich „klein" gemacht. Eine andere Sicht oder Einschätzung zählt nicht, sie wird schlicht übergangen oder leichtfertig vom Tisch gewischt. Wer kleinlich ist, handelt ein Stück weit unbedacht, unreflektiert. Man ist sich nicht bewusst oder lässt gezielt außer Acht, dass es auch noch andere Kriterien, Maßstäbe und Werte gibt, nach denen sich eine Person, Leistung oder Sache bewerten ließe. Es wird nur eine, nämlich die eigene Sicht als maßgeblich und richtig anerkannt. Die Gefahr ist hierbei groß, dass anderes – Wichtiges, Wertvolles, Schönes – in dem Moment übersehen wird, und das Gegenüber verletzt reagiert. Eigenes wird übergestülpt, anderes

ausgegrenzt. Dabei könnte von einem anderen, großzügigeren Standpunkt aus auch alles anders betrachtet und vor allem bewertet werden:
umfänglicher, verbindender, achtsamer.

Natürlich sind Genauigkeit, Detailtreue und Korrektheit in vielen Situationen wichtig, manchmal sogar zwingend notwendig und überlebenswichtig. Aber manchmal ist es noch wichtiger, eben nicht nur das EINE (eigene), sondern auch das ANDERE, das GROßE GANZE zu sehen und nicht nur zu sehen, auch zu würdigen. Das muss das eigene nicht ausschließen. Wer liebevoll UND genau hinschaut, kann leicht Verschiedenes zusammenbringen. Mehreres wird gültig, darf sein und bestehen. Alles ist von Bedeutung, von Wert.
Und auch, wenn es ‚verrückt' klingt: Wer liebevoll auf den anderen schaut, schaut auch bei sich selbst genauer hin.

Mit welchem Verhalten wertest du gewollt oder ungewollt das, was andere tun und leisten, manchmal ab?
Wann siehst du mehr das, was nicht ist, als das, was ist?
In welchen Situationen könntest du dein Herz und deinen Blick etwas öffnen, weniger Kritik und dafür mehr Wertschätzung üben?
In welchen Bereichen möchtest du in Zukunft nicht mehr klein und eng, sondern groß und weit denken?

WILLST DU RÜCKBLICKEND ERKENNEN, WIE VIEL FREIHEIT DU EIGENTLICH GEHABT, ABER NICHT GENUTZT HAST?

SELBST BESTIMMT!?

Na, wie schaut dein Leben gerade aus?
Was passiert, was entwickelt sich?
Was kommt, was geht?
Was entsteht?
Was bleibt?
Weißt du, wohin es dich zieht, wohin es dich treibt?
Lebst du selbstbestimmt?

Was heißt das überhaupt:
„selbstbestimmt" in der heutigen Zeit?

Mit dieser Frage habe ich mich einmal umgeschaut.
Es wird gestrebt nach Individualität, nach Unverkennbarkeit, nach Autonomie, nach persön-
licher Stimmigkeit und Authentizität, nach Unabhängigkeit.
Letztlich geht es um Freiheit.

Wer lebt selbstbestimmt?

Wir alle können wählen,
wann wir morgens aufstehen, wie wir den Tag begrüßen,
welche Kleidung wir tragen, wie wir hausen, uns fortbewegen, arbeiten,
entspannen. Kommunizieren. Essen, Sport treiben, lieben.
Wohin wir reisen, was wir lesen, womit wir uns umgeben,
was wir kaufen, was wir brauchen, was wir unterlassen,
worauf wir verzichten, wie wir sprechen, die Welt anschauen, anderen begegnen.
Ob wir uns mögen, Gedanken oder Träumen folgen......
Wir alle können wählen. Gestalten, selektieren.
Jeden Tag wieder neu und anders leben....
Selbstbestimmt.

Wie glücklich kann man sich doch schätzen, wenn man seine Möglichkeiten kennt!
Manche Menschen haben so viele Freiheiten, dass sie sie manchmal vergessen. Sie beklagen
sich über das, was sie jeden Tag müssen, sehen Einschränkungen. Sie verpassen die Chance,
sich dankbar vor Augen zu führen, was sie können, was sie dürfen, „vermögen" (z.B. eine
verantwortungsvolle Position bekleiden, sich mit Hingabe um die eignen Kinder kümmern).
Sie führen dieses Leben, doch der tiefere Sinn, die Tatsache, dass sie selbst sich einmal dazu
entschieden haben, und sie selbst dieses Leben Tag für Tag weiter führen, wird oft übersehen.

Andere wiederum wissen um ihre Freiheiten. Sie haben sich bewusst für eine bestimmte Art zu leben entschieden, stehen aber nicht dazu. Sie können es nicht genießen, sie rechtfertigen, entschuldigen, verstecken sich vor anderen - um dazuzugehören, um zu gefallen - oder das Gegenteil, um nicht aufzufallen.

Viele Menschen treten nicht mehr selbstbewusst ein für ihr Leben, für ihre Entscheidungen, ihre getroffenen Wahlen. Wirklich wenige Menschen trauen sich überhaupt noch zu sagen:

Ja, dieses Leben lebe ich.
Das bin ich.
Dazu stehe ich.
Das sind meine Freiheiten, meine Lebensentscheidungen.
So lebe ich.

Ist das nicht traurig?

Manche möchten vielleicht lieber anders leben als sie es gerade tun, wünschen sich, ihr Leben würde in irgendeiner Weise anders verlaufen. Diese sollten schleunigst damit aufhören, sich (und anderen) etwas „Falsches" vorzuleben, Die Schuld auf andere abzuschieben und ihrer wirklichen Bestimmung, ihren echten Träumen, Sehnsüchten und Bedürfnissen auf den Grund gehen.

Selbstbestimmt zu leben heißt – immer wieder – eine bewusste Wahl zu treffen und das eigene Leben dementsprechend zu gestalten. Es bedeutet sich selbst immer wieder aufrichtig zu fragen, was ich leben will, wie ich leben will, wofür, und nach welchen Werten. Selbstbestimmt Leben meint auch sich zeigen, mal mutig aus der Masse herausstechen, Verantwortung übernehmen, sich darüber im Klaren sein, welche Vor- und Nachteile (m)ein Leben mit sich bringt und darüber hinaus Offenheit, Verständnis und Neugier für Neues, Unterschiedliches, anderes mitbringen.

Leben und leben lassen eben.
Wer selbstbestimmt lebt, kann und darf sagen:
Ich habe gewählt,
ich lebe,
weil ich es will,
genauso,
ich weiß,
ich kann,
jederzeit neu wählen,
mein Leben anders leben.
Wenn ich will.

WER A SAGT, SOLLTE AUCH A MEINEN.

WORAUF SCHIEBST DU ES?

Ich gehe leidenschaftlich gerne laufen. Hin und wieder begegne ich im Englischen Garten einem Läufer, der in meinen Augen wirklich bemerkenswert ist. Schon als ich ihn zum ersten Mal sah, wurde mir schlagartig klar:

Jeder Mensch kann sofort einen Weg finden, das zu tun, was er will. Zumindest kann er damit beginnen und einen ersten Einstieg in sein Vorhaben finden, denn manche Dinge brauchen einfach ein gewisses Vorwissen, Training oder Erfahrung (wie z.B für einen Marathonlauf).

Wer nicht tut, was er will, der will es auch nicht.
Vielleicht noch nicht.... auf jeden Fall nicht wirklich.

Zu dir:
Was willst du seit langem tun und tust es doch (noch) nicht?

Dich beruflich verändern,
gesünder kochen,
alte Freunde treffen,
ausreichend schlafen,
abnehmen,
klettern gehen,
Urlaub machen,
deinen Typ verändern,
dich beim Sex ausprobieren?

Whatever… du denkst schon ganz lange daran, du hast es dir schon viele Male vorgenommen. Vielleicht sprichst du sogar mit anderen über deine Vorhaben. Wenn nur die Gründe dagegen nicht wären: keine Zeit, keine Kraft, kein Geld, keinen Partner, schlechte Gelenke, mangelnde Kondition, Schüchternheit, Unsicherheit, und und und…

Ganz gleich, wie überzeugend und einleuchtend deine Einwände auch sein mögen, solange du es nicht tust, willst du es nicht.

Glaube mir, wenn es dir wirklich wichtig wäre, du es wirklich wollen würdest, du tätest es schon! Du wüsstest EINEN WEG.

Dieser Mann, den ich im Englischen Garten sah, wollte ganz augenscheinlich laufen. Er hatte genau den Willen, den es braucht, um etwas zu beginnen. So manches hätte dagegen

sprechen können: Er war übergewichtig, wog sicher an die einhundert, wenn nicht mehr Kilos. Er war körperlich gehandicapt, trug Bandagen an den Füßen, … und er hat einen Hund, der sich offensichtlich nur schwer dazu bewegen ließ, mit ihm oder vielmehr monoton hinter ihm her zu laufen. Aus diesem Grund trug der Mann große, lange Stöcke bei sich. Zusammengenommen wogen sie nicht gerade wenig. Immer dann, wenn sein Hund Anstalten machte, stehen zu bleiben, warf er einen der Stöcke weit voraus. Das kostete zusätzliche Kraft.
Dieser Mann lief.
Warum? Weil er es wollte. Warum unter diesen Umständen? Vielleicht war es in dem Moment der einzig mögliche Weg, es zu tun.

Ist diese Geschichte nicht beeindruckend? Ich finde, sie ist beispielgebend für das, was möglich ist, wenn man will.

Was willst du?
Wirklich?
In welchem Bereich machst du dir und anderen vielleicht noch etwas vor?
Wie ließe sich das schnell ändern?

Bitte unterlasse es große Reden zu halten. Höre auf, nur in kühnen Träumen zu leben.
Zeige Verantwortung, Verantwortung für dich, dein Tun und dein Können.
Beginne! Pflastere deinen Weg nicht mit Ausreden!
Auch, wenn du Angst hast und nicht weißt, ob du am Ende Erfolg haben wirst:
Sei kühn, tu's!

SUCHST DU WEGE ODER AUSREDEN?

WIE GROSS IST DEIN OPFERWILLE?

Verletzungen sind Teil unseres Lebens. Manche sitzen tief, andere begleiten uns nur kurzweilig. Manche sind traumatisch.

Wie schnell wir es schaffen, Verletzungen zu überwinden, hängt nicht nur von der Art und dem Ausmaß des Erlebten ab, sondern zu einem großen Teil von uns selbst.

Von unserem Willen, das Leid und den Schmerz hinter uns zu lassen… von unserer Fähigkeit und Bereitschaft, uns von dem Geschehenen zu distanzieren… von unserem Vermögen, das Positive im Üblen zu sehen, von unserem „Opferwillen". Von unserem Entschluss, dem Schmerz nicht mehr Raum als nötig zu geben.

Manchmal vergessen wir das. Manche übersehen es, und manche wollen es nicht anders. Darum schreibe ich diesen Post.

Du wurdest ausgenutzt / hintergangen / betrogen / belogen / verlassen / gekündigt / untergraben / behindert / sabotiert / ruiniert /…?

Ganz klar, das tut weh! Vor allem am Anfang. In dieser Zeit ist es wichtig, dass du besonders auf dich schaust, dir deine Aufmerksamkeit schenkst und dich so gut du kannst auf's Liebevollste umsorgst. Selbst-trost! Bitte so lange, bis der „erste Schock" und der schlimmste Schmerz vorüber sind.

Irgendwann lässt der Schmerz nach. Der Schmerz verändert sich. Das kannst du leicht daran merken, dass deine Gedanken wieder einsetzen und du beginnst, das Erlebte einzuordnen und zu bewerten.
Das war jetzt schlimm…
das werde ich nie vergessen…
darüber werde ich nie hinwegkommen…
das werde ich nie verzeihen… usw.

Wir alle kennen diese Gedanken.

Dies ist der Moment, in dem du aufhorchen solltest und dir gut überlegen solltest, wie es weitergeht.
Meist entscheidet sich dies unterbewusst. Wir lassen uns leiten von unserer Angst und unserem Schmerz und sind von nun an anderen gegenüber (beispielsweise) misstrauisch, vorsichtig, zurückhaltend, abweisend oder voreingenommen. Auf keinen Fall wollen wir eine

ähnliche Verletzung erleben.

Nun, frag dich mal:

Willst du wirklich so werden?
Willst du wirklich mit deinem Wesen, deiner Liebe, deinem Vertrauen auf Dauer so haushalten?
Glaubst du, das kann „gut" gehen und dir auf Dauer Spaß machen?

Aus der Praxis weiß ich: Es führt nur zu ähnlichen Verletzungen, weil wir sie in der „Haltung"
unterbewusst immer noch anziehen.

Es geht auch anders.

Wie?
Indem du dich BEWUSST dazu entschließt, den Schmerz hinter dir zu lassen und etwas
Neues lebst und in dir heranreifen lässt. Du kannst dich wieder öffnen / vertrauen / einlassen
/ entspannen / loslassen / motivieren / lieben.

Sicher, es braucht am Anfang Übung und Zeit, aber es geht, wenn du willst.

Ganz gleich, was du erlebt hast:
Du musst nicht dein Leben lang unglücklich bleiben.
Wunden können heilen, wenn man sie lässt.

Es ist Zeit!

WER LÄCHELT, RETTET LAUNEN.

SCANNER?

"Scanner" lieben es, verschiedenen Aufgaben, Tätigkeiten und Interessen nachzugehen, nicht selten sogar parallel. Allzu gerne suchen sie das Neue, Abwechslungsreiche, Herausfordernde. Über längere Zeit an einer Sache dranbleiben, zum Beispiel einem Projekt, oder an einer Beziehung arbeiten und auf ein ganz bestimmtes Ziel hin arbeiten… nicht dein Ding? Du magst es lieber komplex, bleibst am Puls der Zeit und orientierst dich neu, wenn etwas viel Versprechendes winkt oder das bisherige sich schlicht nicht mehr stimmig anfühlt. Das ist auch absolut okay - wenn es denn wirklich „stimmt".

Meine Erfahrung ist, dass auch Scanner sich in bestimmten Bereichen nicht nur Stabilität wünschen, sondern sie auch brauchen, um persönlich zu reifen und zu wachsen, und vor allem, um auf Dauer wirklich erfüllt und glücklich zu leben. Manche erkennen dessen Bedeutsamkeit erst, wenn im beruflichen oder privaten der Erfolg ausbleibt und sich auch im Inneren keine Ruhe einstellen will. Auch Scanner kennen das beschleichende Gefühl, vor etwas weg zu rennen und gegen die eigene Sehnsucht nach etwas Anhaltendem, Stabilem zu handeln.

Anstatt den Konflikt mit dem Chef zu lösen, Bewerbungen für einen neuen Posten schreiben..?
Anstatt eine Zeit lang weniger Außenkontakte zu pflegen, nach wenigen Wochen wieder Zusagen für Treffen geben…?
Anstatt am Buch weiter zu schreiben, es vielleicht doch besser mit einem Blog probieren…?
Anstatt Geld für ein Coaching zurückzulegen, vielleicht doch lieber ein paar Tage verreisen?

Wer an solchen Wegpunkten radikal ehrlich mit sich selbst ist, sich kritisch mit seinen persönlichen Antreibern auseinandersetzt und dazu seine tiefsten Wünsche und Sehnsüchte in den Blick nimmt, kann die wahre Antwort auf das, was in Zukunft zu tun ist, tatsächlich finden.

Gerade für „Scanner" ist es immens wichtig, zu unterscheiden, was die wahren Beweggründe für den Wechsel eines Vorhabens, Traums oder Ziels sind.
Nicht jeder Sprung ist ein Entwicklungssprung!

Steht hinter dem Gedanken etwas Neues zu beginnen vielleicht die Angst mit dem Aktuellen zu scheitern?
Steht hinter dem Gedanken mir etwas anderes zu suchen vielleicht die Sorge, dass ich mich zu sehr zeige oder blamiere?
Habe ich Angst davor, Verantwortung zu übernehmen? Angst davor, für etwas einzustehen - mit meinem Namen, meinem Tun und Wirken?
Habe ich Angst vor der Erfahrung des „wirklich Neuen", vor dem, was „danach" kommt?
Anders gefragt:

Hast du schon herausgefunden, was passiert, wenn du dir über eine lange Zeit treu bleibst?

Wenn dich diese Fragen ansprechen, hast du zwei Möglichkeiten.

Du kannst eine gute Ausrede erfinden, den Umschwung z.B. auf dein „Scannersein" schieben und dich auf neuen Kurs begeben, um dich dann kurzzeitig erleichtert zu fühlen, bis du vielleicht an einen ähnlichen Punkt kommst... .
Oder aber du kannst dich dazu entscheiden, stetig in deinem Tun zu bleiben. Du kannst lernen mit deiner Angst und deinen Sorgen um dich und die Zukunft zu leben. Du kannst lernen, dich mit Kritikern auseinanderzusetzen und dich von Energiefressern verabschieden. Du kannst - vielleicht zum ersten Mal - lernen AN DIR SELBST dranzubleiben und herausfinden, wohin dich das führt. Vielleicht zum Erfolg, ins Glück, in die Ruhe, ins geliebte Leben zurück... bestimmt nicht weiter von dir weg.

In den meisten Fällen geht es überhaupt nicht um „Scanner-oder-Nicht-Scanner-Sein", wie ich es häufig beobachte. Vielmehr geht es um wirkliches Sein, um kompromissloses sich-Zeigen, um authentisches sich-Hingeben, mit allem, was ich bin, will und werde.

Wer wahrhaftig an sich dran bleibt, entfernt sich vielleicht von manchem oder manchen, hat aber die Chance, zu sich und seinem wahren sein zu finden.

WAHRHEITEN LASSEN SICH NICHT BASTELN.

ÜBER DAS DENKEN

Allzu gern ist er beschäftigt: unser Geist.
Wirklich ausgezeichnet ist sein Denken… .
Es geht vor, es geht zurück.
In Schleifen. Sprüngen. Kreisen. Hin und her. Quer.
Endlos. Bewusst. Unbewusst.
Verrückt.

Nicht ohne Grund spricht man von Denkmustern, -arten, -stilen und -sport!

Denken ist von Wert.
Es kreiert, es löst, es konstruiert.
Es strukturiert, es motiviert, es trägt.
Es bringt uns durch den Tag.
Denken steht für inneren Reichtum, für Vielfalt und Verstand.
Nicht zu unterschätzen: seine Macht.
Denken prägt.
Es beeinflusst, bewegt.

Doch was, wenn es zu viel wird, dich auf schräges oder schlicht nicht weiter bringt?
Was, wenn dir Raum zum Fühlen, intensiven Leben fehlt, weil es gedanklich immer weiter geht?
Was, wenn du gefangen bist in Gedanken über das, was war… das, was sein könnte… das, was nicht ist…?

Lass es mich dir so direkt schreiben:

HÖR AUF DAMIT!
LASS ES STILL WERDEN IN DIR.
KOMME INS JETZT.
ATME.

ALLES, WAS WIR HABEN,
ALLES, WAS DU HAST, IST JETZT.

Zurück führt selten ein Weg nach vorn.
Und wer ständig an das Morgen denkt, verpasst, was gerade ist.
Welche Rolle spielt das, was war, wirklich?
Und was hilft es dir, wenn du deine Zukunft in Gedanken schon perfekt zu Recht gezimmert hast, und du dann nicht mehr bist?

Natürlich müssen wir und ist es hilfreich zu denken.
Aber ständig? Pausenlos?
Was hast du davon, ständig in Gedanken zu sein?
Nährt es nicht verdammt oft auch deine Ängste, Zweifel und Unsicherheiten?
Hält es dich nicht auch manchmal fern von wundervollen Möglichkeiten?

MÖCHTEST DU DEIN LEBEN WIRKLICH „DURCHDENKEN"?

Wenn nicht, hilft nur eins:

ERLAUBE DIR DENK-FREIHEIT.

Erkenne unnütze, dich beschwerende, einengende Gedanken.
Verabschiede dich von ihnen.
Lass sie gehen.
Nimm wirklich Abstand.

Wer nur daran denkt zu leben, lebt nicht.

Du musst nicht jeden Gedanken zu dir nehmen und zu Ende denken.
Du darfst DENKPAUSEN einlegen.

ZWEIFEL ZERSETZTEN TRÄUME.

KLEINHALTUNG STEHT DIR NICHT

Neigst du manchmal dazu dich selbst klein zu machen oder dich von anderen klein „halten" zu lassen?

Wenn du…
- sehr sensibel, empfindsam und empathisch auf deine Umwelt reagierst,
- ein selbstkritischer Mensch bist, lieber auf deine Schwächen als die der anderen zeigst,
- deine Beziehung zu anderen ständig im Blick hast und reflektierst,
- in deinen Kinderjahren von deinem Elternhaus eher dahingehend konditioniert wurdest, es anderen recht zu machen,, lieb und nett" zu sein und nicht anzuecken,

… dann passiert es dir vielleicht auch als erwachsener Mensch in bestimmten Situationen, dass du nicht so selbstbewusst auftrittst, wie du es gerne möchtest. In privaten Konflikten und Auseinandersetzungen, in Diskussionen um bevorstehende Entscheidungen, bei beruflichen Verhandlungen, im Gespräch mit Freunden und Bekannten…

Anstatt klar zu sagen, was du denkst, fühlst, willst und brauchst und auch mal auszuhalten, dass dein Gegenüber damit nicht einverstanden ist, eine offensichtlich ganz andere Position einnimmt oder gar den Rückzug antritt, empört ist oder schweigt, gerätst du ins Wanken.
Wenn das so ist, muss es noch einen anderen Weg geben…
Vielleicht sehe ich das doch falsch, ist meine Denkweise nicht ganz richtig, habe ich noch nicht den passenden Weg / die passende Haltung / Sichtweise /… gefunden.
Jeder Stolperstein wird zehnmal gewendet, bloß niemanden vor den Kopf stoßen und schon steckst du fest, bist du im Modus „klein machen". Du beginnst an dir zu zweifeln, anderen mehr Rechte, mehr Wert einzuräumen und deinen Standpunkt selbst zu untergraben.
Lieber gefallen als auf- oder missfallen!

Das Bedenkliche daran ist nur:
auch damit fällt man auf. ;-)
Und mehr noch:
„sich klein machen" lädt ein „zum Klein halten".

Stell' dir dazu einmal vor:
Du siehst ein kleines Hündchen, sehr süß, aber auch etwas unsicher wirkend, mit verängstigtem Blick, insgesamt eher vorsichtig und zurückhaltend, stets beobachtend, was das gegenüber tut. Stell' dir einmal vor, wie schnell es mit diesem Verhalten Aufmerksamkeit auf sich zieht, und wozu es seine Umwelt unbewusst einlädt? Wie würdest du dich diesem Hund nähern?
Dann stell dir vor:
Du siehst einen Hund, etwas größer. Er sitzt aufrecht, sieht dich an, mit geradem Blick.
Wie würdest du dich diesem Hund nähern?

Welche Art von Annäherung und auch Aufmerksamkeit hättest du gern?

Wenn du dich in die Rolle der oder des „Kleinen" im Sinne von „Schwächeren / unterlegenen" begibst, verleitest du deine Mitmenschen nahezu automatisch in die Position sich entweder zu viel oder zu wenig Gedanken um dich zu machen. Du wirst in Watte gepackt, mit Samthandschuhen angefasst und übermutterhaft mit Ratschlägen, sorgen und Kommentaren umgarnt, oder aber schlichtweg nicht ernst genommen, belächelt, übergangen. dein Gegenüber fühlt sich überlegen und hat wahrscheinlich wenig Mühe, um bei dir etwas zu erreichen und seine Interessen dir gegenüber durchsetzen. Vielleicht brauchen sie nur einmal laut zu „bellen" oder ihre Zähne zu zeigen, um dich aus deiner Ruhe zu bringen.

Ganz anders sieht es aus, wenn du deinen Mitmenschen auf Augenhöhe entgegen trittst und klar Position beziehst, wenn du von Anfang an den Eindruck vermittelst, „ich bin ich" und nehme mich wichtig. Weder halte ich mich selbst klein, noch lasse ich mich klein halten. Ich stelle mich (dir) gleich und weiß um meinen Wert. Nicht aufgesetzt, gespielt oder gar überheblich, nein, ganz selbstverständlich. Voller Respekt und Achtung für dich selbst, für das, was du bist, denkst, fühlst und willst. UND den anderen.

Wie man da hin kommt?
Vor allem über inneres und äußeres ERLAUBEN.
Wie hört sich das an?
DU DARFST SEIN.
Eigen. Dich zeigen. Eine bestimmte Meinung, ein bestimmtes Aussehen, eine Art, eine Ausstrahlung haben.
Bedürfnisse. Sehnsüchte. Gefühle. Träume. Gedanken.
DEINE.

Ich gebe zu:
Es ist nicht leicht. Es ist eine Herausforderung und manchmal sogar harte Übung. Doch in dem Maß, wie sich deine Haltung dir selbst gegenüber verändert, wird auch deine Umwelt dich anders wahrnehmen. Du wirst beginnen dich in deiner Haut wohler zu fühlen. Dich selbst schätzen lernen, behutsam mit dir und deinen Grenzen umgehen. Dich gegen Kleinmachen und kleingehaltenwerden wehren. Aufrecht gehen, stehen, sitzen. Dich nicht mehr verstecken. Sogar Gefallen daran finden, auch mal anzuecken, aufzufallen, Kontra zu geben.
Du kannst und du darfst es dir erlauben.
Groß sein.
Selbstsicher. Unabhängig. Entschlossen. Stark. Unvermittelt.
Echt. Trau dich.

MUTLOS LEBEN
IST LEICHT.
UND LANGWEILIG.

KANNST DU DIR ZEIT LASSEN?

Kaum noch jemand wundert sich über die Schnelligkeit, mit der wir uns durch unser Leben bewegen. Ganz gleich, ob wir arbeiten, alltägliches erledigen, uns fortbewegen oder kommunizieren… moderne Technologien haben überall Einzug gehalten: Hauptsache digital, multifunktional, megaeffektiv!

Zum Arbeiten in den Flieger oder einen Schnellzug zu steigen gehört für viele heutzutage zur Normalität. Der Kaffee wird to-go getrunken,
Das Handy mit Nachrichten, Fotos, Musik und Spielen vollgepackt, Bücher für Gestresste in 15-Minuten-Kompakt-Versionen angeboten. Uhren mit Health care' Instrumenten versehen. Active wear erspart Umziehen, Bürsten können Locken wickeln. Schnell muss es gehen, und bitte möglichst multifunktional. Geräte, die sich ‚nur' auf einen Dienst beschränken?
Da müssen die meisten schon lachen.

Ich will diese technischen Neuerungen nicht grundsätzlich verurteilen oder schlecht machen. Sie erleichtern unser Leben in vielerlei Hinsicht. Sie bieten Komfort, verschaffen uns Zeit für andere Dinge, die uns wichtig (er) sind, erhöhen unsere Mobilität und Arbeitskraft.
Soweit so gut.
Was ich nur leider zunehmend beobachte und feststelle: Menschen werden zunehmend auch so behandelt. Menschen beginnen sich selbst immer mehr zu „bedienen" wie eine Maschine, die entweder nicht richtig oder nicht schnell genug tickt. Die Erwartungen werden immer höher geschraubt, der Tag bis obenhin vollgepackt, To Do Listen angelegt, von A nach B geht es im Laufschritt, Mails werden „mal eben so" auf dem Klo gecheckt. Alles wird optimiert, läuft straight ahead, kostet Zeit, Zeit, Zeit.
Es ist ein Phänomen, das längst nicht mehr nur Manager betrifft, sondern quer durch alle Berufsgruppen und Hierarchien geht und sogar Mütter, Jugendliche und Rentner vereinnahmt. Man hat keine Zeit, ist spät dran, vieles wird zwischen Tür und Angel und natürlich möglichst auf einmal erledigt - und doch ist die Zeit immer knapp. Und wehe, wenn irgendwas plötzlich nicht „funktioniert" und der Körper streikt, das Auto seinen Dienst versagt oder das Kind krank wird. Den Ausstieg schafft manch einer leider erst durch ein Burnout, der beruflich und privat erst mal einiges lahm legt.

Nicht ohne Grund wünschen sich so viele Menschen eine Auszeit, boomt der „Entspannungsmarkt", wird Yoga bis zum Abwinken praktiziert, slow food auf die Menükarte gesetzt und der Markt von Coachs überschwemmt.
Was mehr und mehr fehlt, ist der menschliche Umgang:
Mit sich selbst, mit den eigenen Ressourcen, der persönlichen Lebenszeit, mit anderen.

Kannst du dir Zeit lassen?
Wo gönnst du dir zeitlichen Luxus, zeitliche Freiheit?
In welchen Bereichen könntest du dir (wieder mehr) Zeit geben, dir selbst freien Lauf lassen?
Wo lässt du anderen Menschen „ihre" Zeit?

Auch wenn jeder Tag irgendwann endet:
Du hast Zeit.
Du hast ein ganzes Leben.
Finde dein Tempo.
Sonst bist du irgendwann schneller am Ende als du willst.

LEBEN KOSTET ECHTZEIT. AUCH IN SOZIALEN MEDIEN.

DEIN BEDÜRFNIS

Na, wie geht es dir heute? Was ist - ganz ehrlich - dein Bedürfnis, gerade jetzt?

Bedürfnisse haben und kennen wir alle. Das Bedürfnis geliebt zu werden. Das Bedürfnis etwas klar auszusprechen. Das Bedürfnis uns zu erholen. Das Bedürfnis nach Nähe. Das Bedürfnis nach Sicherheit. Das Bedürfnis nach Stille… nach Austausch…. nach Frieden. Das Bedürfnis uns auszutauschen, uns abzugrenzen, uns mitzuteilen, uns kreativ auszudrücken, zu befreien… Bedürfnisse gibt es unendlich viele: große, kleine, existenzielle, luxuriöse… .

Grundsätzlich steht hinter jedem Bedürfnis immer ein Mangel, der ausgeglichen werden will. Oder milder ausgedrückt: Ein Wunsch oder ein Verlangen nach etwas, das wir nicht oder noch nicht haben. Ein Bedürfnis kann von kurzer Dauer oder sehr anhaltend sein, auch in Abhängigkeit davon, wie wir damit umgehen. Grundsätzlich gilt: Ein Bedürfnis besteht meist, so lange es nicht befriedigt ist.
Mit der Zeit kann es sich verstärken, also zu einem dringlichen Bedürfnis werden, oder auch wieder abklingen. Interessant finde ich den Umgang mit unseren jeweiligen Bedürfnissen. Wenn ich dich frage, was dein „ehrliches Bedürfnis" ist, meine ich: Kennst du dein momentanes, stärkstes Bedürfnis? Traust du dich es wahrzunehmen, es zu befriedigen? Oder bist du eher ein Meister im Aufschieben und Ignorieren?

Ein Bedürfnis wahrzunehmen fällt den meisten von uns noch relativ leicht. Es ehrlich anzuerkennen und zu befriedigen fällt oft schon schwerer. Manche warten lange, still und heimlich darauf, dass das eigene Bedürfnis schon von anderen bemerkt und gestillt wird. Andere verbinden es mit Forderungen oder Vorwürfen an die Umwelt. „Du musst doch sehen, dass ich… ." „Wieso tust du nicht…?" „Wieso hilfst du mir nicht…?" Wieder andere sorgen zwar für ihre Bedürfnisse, aber auf recht unangenehme, unsensible Weise. Ihnen gelingt manchmal nur noch der Wink mit dem Zaunpfahl, der Weg mit der Brechstange. Dazu kommt es meist, wenn ein Bedürfnis über lange Zeit missachtet, d.h. übersehen, verdrängt oder immer wieder auf die Seite geschoben wurde.

„Ehrlich" mit einem Bedürfnis umzugehen bedeutet z.B. folgendes:
1.) Ich nehme es frühzeitig wahr, z.B: „Ich verspüre Anzeichen von Müdigkeit. Ich bin müde." Nicht: „Ach, das geht sicher vorbei, gleich geht es schon wieder…"
2.) Ich gestehe mir diesen Zustand, meinen derzeitigen Mangel, ein: „Ich mag Müdigkeit nicht und eigentlich würde ich lieber in dem Tempo weiter arbeiten, aber ok: Ich bin müde und mein Bedürfnis ist mich auszuruhen." Nicht: „Ach, Zähne zusammen beißen, Ich bin schon wieder fit!"
3.) Ich nehme es an und werte es nicht (selbst-)kritisch ab: „Ich bin müde, einverstanden."

Nicht: „ich kriege aber auch nichts auf die Reihe! Wieso bin ich so unfähig? So ein Mist!"

4.) Ich stelle hinten an, wie meine Umwelt zu diesem Bedürfnis steht: „Wie xy darüber denkt, ist primär jetzt nicht wichtig". Nicht: „Wenn mein Chef / meine Frau / meine Freunde mich jetzt so sähe(n)… oh nein!"

5.) Ich suche nach möglichen Lösungen, frage mich aufrichtig: Was brauche ich jetzt? „Ich könnte für heute Schluss machen, eine halbe Stunde schlafen, ein paar Entspannungsübungen machen, mir Unterstützung holen, …." Nicht: Mich gedanklich, zeitlich oder kräftemäßig weiter unter Druck setzen, Pausen auslassen, die nächste Tasse Kaffee in mich hinein kippen, mich sozusagen von meinem eigentlichen Bedürfnis ablenken.

6.) Ich stille das Bedürfnis: unmittelbar, auf die Besterdenkliche (!), wirkungsvollste Art und werde. Selbstverantwortlich, zu-mir-selbst-freundlich, bestimmt.

In diesem Beispiel: wirklich Ruhe geben.

Ehrlich für seine Bedürfnisse zu sorgen ist ein Akt der Selbstfürsorge und der Selbstliebe. Ich nehme mich wichtig. Ich gebe mir, was ich brauche. Ich bin sanft zu mir selbst.

Ich verstehe:
Ich darf sein.
Genauso, wie ich gerade bin. Und ich darf mir selbst richtig, richtig gut tun.

INNEHALTEN HEIßT INNEN HALT FINDEN.

BIST DU BEREIT FÜR EIN RISIKO?

Jeder von uns kommt in seinem Leben immer wieder mal auf den Gedanken seine gewohnten Pfade zu verlassen und einen großen Sprung in etwas Neues zu wagen. Dahinter steht der Wunsch nach Veränderung und persönlicher Weiterentwicklung. So weit, so gut! Doch viele trauen sich am Ende eben nicht und bleiben ‚einfach' beim Alten.

Grund dafür ist meist das Bedürfnis nach Sicherheit. Sicherheit ist das Gegenteil von Risiko. Ein Risiko einzugehen bedeutet, sich in Situationen zu begeben und Verhaltensweisen auszuprobieren, mit denen wir noch keine Erfahrungen gesammelt haben und deren Ausgang - man könnte auch sagen Erfolg - für uns ungewiss ist. In dem Moment, wo wir den entscheidenden Schritt tun, wissen wir nicht, was dabei heraus kommen und wohin er uns letztlich führen wird.

Genau das ist es, was wir zu gerne im Vorfeld wüssten: Wenn ich jetzt meinen Job kündige, werde ich dann den Sprung in die Selbstständigkeit schaffen? Werde ich eine bessere Partnerin finden, wenn ich diese Beziehung beende? Wird meine Familie mich immer noch lieben, wenn ich mich oute? Werden andere mich für egoistisch oder verrückt halten, wenn ich dieses oder jenes tue? Solche und ähnliche Fragen bringen es auf den Punkt: Wir haben Angst zu scheitern, wir haben Angst vor Misserfolg, wir haben Angst nicht mehr geliebt und anerkannt zu werden und am Ende alleine dazustehen - mit weniger, als wir vorher hatten oder waren-.

Diese Ängste sind alle berechtigt. Doch wenn du dich von ihnen immer und immer wieder leiten lässt, wirst du niemals die Erfahrung machen, was passiert wäre, wenn du dich getraut hättest. Um zu gewinnen musst du bereit sein zu verlieren. Hast du dich mal gefragt, welchen Preis du tagtäglich dafür zahlst, um beim Alten zu bleiben? Welche Verluste drohen dir da? Wie viel an Gesundheit, Zeit, Geld, Gefühlen, Kraft, … hast du schon verloren? Ist dir das klar?

Wenn du gewinnen willst, musst du bereit sein zu verlieren.

Wann hast du zuletzt mutig etwas auf eine Karte gesetzt? Wie lange ist es her, dass du dich aus deiner sicheren Zone heraus in eine unbekannte, unvertraute Situation begeben hast?
Bist du bereit, eine neue, wertvolle Erfahrung zu machen?
Letztlich hängt deine Entscheidung mit deinem Mut, deinen bisherigen Erfahrungen, deinem (Vor-)wissen, deinem Selbstvertrauen und der von dir erwarteten Selbstwirksamkeit in dieser Situation zusammen.
Es bedeutet aber auch: Du musst nicht blindlings ins Ungewisse stürzen, du kannst dich vorbereiten und selbst Einfluss auf deine ‚Erfolgschancen' nehmen.

- Du kannst alte Traumata verarbeiten und überwinden.
- Du kannst dir neues Wissen aneignen und deine Fähigkeiten trainieren.
- Du kannst nach Menschen suchen, die ähnliches vorhaben oder bereits erfolgreich tun, und dich von ihnen auf deinem Weg bestärken lassen.
- Du kannst dein Selbstvertrauen stärken. Feedback einholen. Szenarien imaginieren. Dich ermutigen.

Du kannst jeden Tag einen Schritt weiter gehen und dich selbst neu erfahren - im Großen wie im Kleinen!

Willst du es mal probieren?

WÜNSCHE DÜRFEN
ZU ZIELEN WERDEN,
DIE ZUM HANDELN
AUFFORDERN.

BITTE IMMER SCHÖN FREUNDLICH!?

Bestimmt bist du ein freundlicher Mensch, so wie wohl die meisten von uns. Du bist ein „soziales" Wesen, du hilfst gerne weiter, schenkst anderen gerne Anerkennung und bringst ihnen viel Wohlwollen und Wertschätzung entgegen. Du bist ein guter Freund, eine gute Freundin und gibst gerne etwas von dir, wenn deine Hilfe gebraucht wird: ein gutes Gespräch, eine liebevolle Umarmung, eine anerkennende Geste, einen aufmunternden Satz, einen hilfreichen Dienst. Auch in der Familie, und natürlich im Job: Du bist stets ansprechbar und hilfsbereit, sorgst für gute Stimmung im Team. Du lässt andere nicht im Regen stehen, sagst schrecklich ungerne „nein" ,und erledigst Aufgaben gewissenhaft - nur nicht die eigenen.

Immer schön freundlich!?

Was ich hier beschrieben habe, sind ganz wundervolle Eigenschaften, die dich als Mensch auf jeden Fall auszeichnen und auf die du vermutlich auch stolz bist. Sich freundlich zu verhalten und anderen ein echter Freund / eine echte Freundin zu sein, ist von ungeheurem Wert. Nicht umsonst spricht man von „Freundschaftsdienst". Ich diene dem anderen, tue oder gebe etwas zu seinem Wohl und zu seinen Gunsten, ohne Erwartung oder Hintergedanken, selbst etwas dafür zu bekommen.

Was aber, wenn es dir plötzlich zu viel wird? Was, wenn du das Gefühl hast, du kannst nicht mehr frei entscheiden, ob du in einer Situation wirklich freundschaftlich helfen und etwas geben willst oder nicht? Was, wenn du in einer Arbeits-, Liebes- oder Freundschaftsbeziehung das Gefühl hast, es wird etwas selbstverständlich von dir erwartet? Was, wenn du dich unter Druck fühlst, etwas für jemanden tun zu müssen, obwohl du augenblicklich gar keine Zeit, Kraft oder Möglichkeit hast? Was, wenn dein gegenüber gar nicht bemerkt hat, dass du dich eigentlich gerade um dich selbst kümmern und sorgen möchtest bzw. müsstest?

Dann sei bitte erst einmal freundlich zu dir selbst!!!

Wie geht das konkret?

Kommt eine Situation auf, in der deine FREUND-LICH-KEIT gefragt ist, kannst du einen kurzen, inneren Monolog führen. Orientiere dich zum Beispiel an folgenden Fragen:

1. Frage dich, ob du „aus freien Stücken" und von „ganzem Herzen" etwas Freundliches" tun möchtest (z.B. zuhören, Trost spenden, eine Information oder Sache teilen).
2. Frage dich, was deine Motivation ist, jemandem diesen Dienst zu erweisen. Machst du es gerne, uneigennützig und ohne Erwartung oder Hintergedanken? Oder tust du es, um etwas bestimmtes zu bekommen? Möchtest du als Alleskönner,

als Heldin oder toller Hecht bewundert werden?

3. Frage dich, ob du wirklich helfen willst. Möchtest du den Dienst wirklich gerne erbringen? Hast du Lust dazu? Oder traust du dich nicht „Nein" zu sagen und scheust die Konfrontation? Hast du Angst vor der Reaktion, wenn du den Dienst ausschlägst?

4. Frage dich, ob du die Zeit, die Kraft und die innere Bereitschaft mitbringst, dich für diesen Menschen oder diese Sache wirklich ganz hinzugeben" und freundlich zu „dienen". Hast du die Power, oder läufst du selbst schon auf Reserve?

5. Stell dir vor, du verhältst dich in der besagten Situation freundlich. Dann stell dir vor, wie du dich anschließend fühlen wirst. Glücklich und zufrieden oder eher verärgert, ausgelaugt und erschöpft?

All diese Fragen helfen dir zu erkennen, wann du ein „echter Freund"/ „eine echte Freundin" sein willst und kannst, und wann eben nicht.

Beherzige folgendes:

• Sei authentisch. Sei ehrlich. Sei freundlich und zwar immer dann, wenn es sich für dich wirklich stimmig und „gut" anfühlt. Verbiege dich nicht. Ein guter Freund / eine gute Freundin nimmt sich selbst wichtig und darf auch mal „Nein" sagen.

• Echte Freunde sind auch mal „unfreundlich" und unbequem. Sie sind nicht deine „Nanny" und (auch wenn du es dir vielleicht manchmal wünschst) nicht für dich und dein Wohl verantwortlich. Ein Tritt in den Hintern kann auch manchmal hilfreich sein, so wie ein deutliches „Nein" auch eine erstklassige Hilfe zur Selbsthilfe sein kann.

• Erledige Freundschaftsdienste, die dir das Gefühl vermitteln, du bist dabei sowohl freundlich zu der /die / dem anderen, aber gleichzeitig auch zu dir selbst - erst dann kann man richtig freundlich sein!

• Sei dir selbst ein guter Freund. Achte auf dich und deine Bedürfnisse, sorge für dein Wohl, kümmere dich liebevoll um dich. Nur, wenn du dir selbst ein guter Freund / eine gute Freundin bist, kannst du auch anderen einer /eine sein.

LASS DICH NICHT AUSLUTSCHEN.

WAS SAGT DER KRITIKER?

Mir ist während einer beruflichen Veranstaltung vor wenigen Tagen noch einmal sehr bewusst geworden, wie wichtig es ist, ab und zu einmal auf seinen inneren Kritiker zu achten. Der innere Kritiker ist ein Teil unseres Ichs, ein Teil unserer Persönlichkeit, der aufgrund von früheren Erfahrungen ganz bestimmte Haltungen, Meinungen und Gedanken vertritt sind. Seine Aufgabe ist eigentlich, uns vor gefährlichen oder schmerzvollen Erfahrungen zu schützen. Oft aber hindert uns der innere Kritiker daran, wichtige Schritte in unserer persönlichen Entwicklung zu machen und neue Erfahrungen zu sammeln, die unser Vertrauen in uns und unsere Selbstwirksamkeit stärken. Wie kommt das?

Wenn dein innerer Kritiker sich zu Wort meldet, befindest du dich in einer Situation, die du so oder so ähnlich früher schon einmal erlebt hast und dir auf irgendeine Weise geschadet oder dir Schmerz und Verletzung zugefügt hat. Meistens sind es Situationen aus der Kindheit oder frühen Jugend. Der innere Kritiker will um jeden Preis verhindern, dass du derartiges noch einmal zu spüren bekommst.
„Das geht so nicht!", „Das schaffst du nie!", „Wenn du das machst, gibt es Ärger!", „Lass' das!" oder „Du wirst dich blamieren!" – Wer kennt dieses störende Geplapper nicht? Viele Menschen haben sogar eine bildhafte Vorstellung von ihrem inneren Kritiker, z.B. in Form eines kleinen Teufelchens, einer bösen Hexe, eines Lehrmeisters oder Monsters, das ihnen auf der Schulter, im Ohr, im Nacken oder Hinterkopf sitzt.

Was der innere Kritiker scheinbar vergessen hat oder noch nicht weiß: Du bist kein Kind mehr. Du kannst inzwischen gut für dich selbst sorgen und auf dein Wohl achten. Deine Intuition und dein Körper signalisieren dir recht deutlich, ob du dich in eine gefährliche Situation begibst oder nicht. Die Wortlaute deines inneren Kritikers empfindest du als lästig, nervig, anstrengend und störend. Wenn du darauf hörst, fühlst du dich verunsichert, ängstlich, hilflos oder ohnmächtig.

Die Frage ist nun: Wie wirst du deinen inneren Kritiker los?

Eine Übung.

Ich empfehle dir, dich deinem inneren Kritiker zunächst einmal zuzuwenden, um Genaues über ihn zu erfahren:

Was sagt er?
Wie präsent ist er?
Wie schafft er es, deine Aufmerksamkeit zu gewinnen?

Und vor allem: Hörst du auf deinen inneren Kritiker?
Wie oft lässt du dir täglich dazwischen funken?

Du kannst zum Beispiel einmal eine Strichliste darüber führen, wie oft er sich innerhalb deines Tages bei dir meldet. Noch besser ist, du notierst wortwörtlich jeden einzelnen Satz, den er sagt. Am Ende des Tages kannst du dich dann fragen, in welchen Situationen seine Kritik berechtigt angemessen war und wann nicht. Hinterfrage jede einzelne Äußerung: Stimmt das, was mein innerer Kritiker sagt, tatsächlich? Ist es wirklich wahr, dass ich dieses / jenes wirklich tun oder unterlassen sollte?

Dann frage dich: Wovor will mein innerer Kritiker mich gerade eigentlich schützen? Wovor warnt er mich eindringlich? Du kannst auch eine Art inneres Zwiegespräch mit ihm führen. Unter Umständen wird er dir dann sagen, dass er grundsätzlich eigentlich gar kein Problem damit hat, dass du etwas bestimmtes tun willst, z. B. eine Prüfung ablegen, eine Sportart ausprobieren oder einen neuen Job annehmen. Meistens will er dich nur dazu ermahnen gut auf dich und dein persönliches Wohl zu achten. In der Vergangenheit bist du vielleicht nicht immer achtsam mit dir umgegangen, hast dich und deine Kräfte überschätzt und warst am Ende völlig ausgepowert.

Darum: Dein innerer Kritiker möchte etwas von dir!

Wenn du verstanden hast, worum es deinem inneren Kritiker geht, kannst du dir überlegen, was er von dir braucht, um Ruhe zu geben und dich in deinem Vorhaben zu unterstützen. Du könntest ihm z.B. mitteilen, dass du auf dein Bedürfnis nach ausreichend Pausen achten wirst, dass du klare Lern- und Arbeitszeiten einhalten wirst und dich auch zu Wort äußern und für dich eintreten wirst, wenn etwas nicht so laufen sollte, wie es für dich und dein Wohl erforderlich ist. Je mehr du dir selbst ein guter Partner bist, je besser du dich um dich kümmerst und für dein Wohlbefinden, deine Gesundheit, deine Psychohygiene Verantwortung übernimmst, umso mehr kann sich auch dein innerer Kritiker entspannen.

SELBSTFÜRSORGE ist das Stichwort!

ENTSPANNT: ANNEHMEN, WAS KOMMT.

MAL GANZ EHRLICH: GEHT ES DIR GUT?

Jetzt mal ganz ehrlich, unter uns: Hattest du auch schon mal ein andauerndes Gefühl von Unruhe, Frust oder Unzufriedenheit? Eigentlich - oberflächlich betrachtet und nach außen hin - ist alles gut: Du hast eine Wohnung, einen Job, eine Beziehung, mindestens eine Hand voll Freunde, und kannst dir gelegentlich größere „Sperenzchen" und kleine Alltagsfreuden erlauben. ABER trotzdem tigerst du irgendwie Zuhause rum, deine Gedanken kreisen umher, du hast keinen erholsamen Schlaf und dein Blick in den Spiegel ist eintönig und leer. Du gehst raus, die Sonne scheint, die Menschen sind freundlich, und es ist eigentlich in Ordnung. ABER in dir die Frage: Was mache ich, was soll ich eigentlich hier? Wozu das alles? Du bist gefrustet und unzufrieden. Warum nur?

Dazu von mir mal eine ganz direkte Frage:
Macht dein Leben - gestern, heute, morgen - für dich SO einen Sinn?
Ich meine, nicht nur eigentlich, sondern wirklich?

Negative, emotionale Dauerzustände entwickeln sich, wenn wir zu lange warten und aufschieben. wenn wir ein Leben führen, von dem wir denken, dass es doch eigentlich gut sei und uns eigentlich gut tun sollte, anstatt wirklich in uns hinein zu spüren und uns zu fragen, was uns wirklich gut tut oder gut täte. Wenn wir tagein, tagaus Dinge tun, ohne genauer hin zu schauen, hin zu hören. Wenn wir das, was wir tun, nicht mehr ehrlich hinterfragen, und für das, was wir tun, keine wirkliche, ehrliche Antwort haben.

Darum, frage dich doch jetzt einmal in aller Offenheit:
Worin besteht der Sinn meines Lebens?
Was will ich, wie will ich leben, wozu bin ich wirklich hier?
Liebe ich mich?
Liebe ich mein Leben?

Ein schlauer Mensch, die Quelle ist leider unbekannt, hat einmal gesagt:
„Frust ist, wenn man mit Menschen lebt, die man nicht liebt, oder Menschen liebt, mit denen man nicht lebt." Ich finde diese Aussage bedeutsam, nicht nur in Bezug auf andere Menschen, sondern vor allem auch in Bezug auf sich selbst, als „sein eigener" Mensch. Frust entsteht, wenn du „mit dir" lebst, ohne dich dabei zu lieben, oder aber, wenn du eine Vorstellung „von dir" liebst, ohne sie wirklich zu leben:
Wenn du ein Leben lebst, das du nicht wirklich liebst.

Darum: Rede dir nichts schön, konfrontiere dich ehrlich mit deiner inneren Wahrheit! Denk' daran, immer mal wieder inne zu halten und dich zu fragen, ob du ihr (noch) folgst.
Achtest du auf dich, deine Bedürfnisse? Lebst du nach deinen Werten?
Lebst du leidenschaftlich und gern? Macht dein Leben für dich Sinn? Bitte sieh` genau hin, hör` genau hin, sei radikal ehrlich!

MIT BEIDEN FÜßEN.
IM LEBEN.
IN MEINEM.

ENTTÄUSCHT

Arten, enttäuscht zu werden, gibt es viele. Jemand hat dich enttäuscht. Etwas hat dich enttäuscht. Du bist von dir selbst enttäuscht.

Keine davon ist angenehm, im Gegenteil sogar oft sehr schmerzlich und nicht so leicht zu vergessen. Warum ist das so? Eine Enttäuschung macht uns bewusst, dass sich etwas oder jemand anders verhält als wir gedacht haben. Eine Situation, ein Mensch, eine Beziehung stellt sich plötzlich anders heraus als wir angenommen haben. Etwas ist irgendwie ganz und gar nicht so, wie wir erwartet haben.

Das allein ist schon eine schmerzliche Erkenntnis. Vergrößert wird der Schmerz jedoch noch dadurch, dass eben nicht „nur" eine bestimmte Annahme, eine Vorstellung oder Erwartung zerplatzt und von der einen auf die anderen Sekunde hinfällig wird.

Nein, nein, wir haben uns darauf verlassen, wir haben darauf vertraut, wir haben darauf gebaut, daran geglaubt, vielleicht sogar viel Kraft, Zeit, Gefühle und /oder Arbeit investiert. Im Moment der Enttäuschung zeigt sich dann, dass die Investition vielleicht teilweise vergebens war, es auf jeden Fall aber zu einer anderen Entwicklung als der gewünschten kommen wird. Eine Beziehung oder eine Freundschaft zerbricht, berufliche Wege trennen sich, Lebensträume zerplatzen, Eigentum geht verloren, Ziele verlieren an Wert, und vieles mehr.

Wozu sind Enttäuschungen also gut? Warum sollten wir auch noch dankbar dafür sein?

Eine Enttäuschung bedeutet eine „ENT-TÄUSCHUNG". Das heißt, eine Täuschung, die stattgefunden hat, wird beendet. In dem Moment, in dem wir eine Enttäuschung erleben, hört die Täuschung auf und wir sehen (wieder) klar. Wir nehmen wahr, was tatsächlich ist, und erkennen, was nicht ist. So gesehen ist die Enttäuschung an sich nichts Schlechtes, und das was uns schmerzt, ist genau genommen eigentlich nicht die Enttäuschung, sondern die Täuschung, die vorher stattgefunden hat, eine ganz Zeit lang unbemerkt blieb und schließlich offen vor uns liegt.

Wenn wir genau hinschauen, kann uns eine Enttäuschung sogar vieles lehren.

Was hat dir eine Enttäuschung gezeigt?
In welchen Situationen hast du dich folglich anders verhalten?
Welche Konsequenzen hast du aus Enttäuschungen gezogen?
Welche neuen Seiten hast du an dir entdeckt, welche Stärken konntest du nach einer Enttäuschung entwickeln?
Am Ende können und sollten wir immer froh sein über die stattgefundene „Enttäuschung":
Sie gibt uns Anlass, klarer weiter zu leben.

„JA" SAGEN
BEDEUTET „NEIN"
SAGEN ZU
ALTERNATIVEN.

FREE YOUR MIND

Wer wünscht sich nicht anhaltend glücklich zu sein: Morgens aufzustehen, den Tag mit den ersten Atemzügen dankbar und freudig zu begrüßen und dann beschwingt und mit einem innerlich erfüllten Gefühl durch den Tag zu gehen? Zuversichtlich, bejahend, annehmend. Abends die Augen wieder schließen in dem Gefühl: Ja, das Leben ist schön und meint es verdammt gut. Und dann sorglos einschlafen, geborgen und in einem tiefen Vertrauen, dass alles für uns geschieht. Das alles am liebsten nicht nur für einen Tag oder einen kurzen Moment lang, sondern über einen ausgedehnten Zeitraum…

Eine solche Haltung fällt uns nicht einfach zu. Um überhaupt in eine solche kommen zu können, braucht es schon eine gewisse Vorarbeit.
Die meisten von uns arbeiten wahrscheinlich gerne, für vieles und viele. Doch arbeitest du FÜR DEIN LEBEN gern? Was hast du bisher dafür getan, damit du dich wirklich glücklich schätzen und fühlen kannst? Wie viel Liebe, Energie und Aufmerksamkeit hast du dir selbst in diesem Jahr gewidmet? Was hast du in dich investiert, für dein Wohlbefinden, einen gesunden Körper und Geist, für harmonische Beziehungen, eine ausgewogene Lebensbilanz? Wie sorgsam hast du dich um deine Baustellen gekümmert und dich für echte Lösungen eingesetzt? Wie sehr glaubst du überhaupt daran, dass du glücklich sein kannst und darfst?

Wenn du dich zu sehr um andere oder anderes gekümmert, dich und deinen Körper, deine Bedürfnisse und Gefühle tagtäglich vernachlässigt und deine Probleme verdrängt hast, ist es nicht verwunderlich, dass sich das Gefühl des Glücklichseins nicht einstellen will. Wer glücklich sein will, muss sein Glück selbst in die Hand nehmen. Wenn du dies bisher nicht getan hast, ist jetzt der beste Zeitpunkt damit zu beginnen und für dein Glück zu sorgen.
Es gilt Verantwortung zu übernehmen.

Sorge für dich und (d)ein glückliches Leben! Und damit meine ich nicht, dass es immer schwer und anstrengend sein muss. Es reicht oft schon, einige Gewohnheiten und Denk- und Verhaltensweisen zu verändern und dir an anderen Stellen bewusst zu machen, wie viel Glück du bereits hast, und wie wenig dir zum vollkommenen Glück noch fehlt. Hast du damit erst einmal konsequent begonnen, dich und dein Wohlgefühl wichtig zu nehmen, werden sich sicher auch die glücklichen Zufälle mehren, und du wirst dir neue Wege erschließen, dein Leben zu genießen. Selbstwirksam. Vorausschauend. In vollen Zügen.
Es kommt auch nicht darauf an, dass alles in deinem Leben immer bene und tutto paletti ist.
Du musst nicht gleich dein gesamtes Leben umkrempeln und gut dastehen haben.
Überhaupt nicht! Auch glückliche Menschen leben nicht in perfekten Umständen, Körpern, Berufen oder Beziehungen. Doch wie sie damit umgehen, das ist der Schlüssel:

Sie bewahren sich eine positive Haltung zum Leben. Sie empfinden es als zutiefst sinnvoll und sind dankbar für die Erfahrungen, die sie jeden Tag machen können. Sie wollen das Leben. Sie erwarten keine Wunder, aber sie glauben daran. Sie verändern ihre Gewohnheiten. Sie befreien sich von allem, das ihnen nicht gut tut: negativen Gedanken, schädlichen Gewohnheiten, Verstrickungen, Sorgen und Ängsten. Sie entwickeln sich tagtäglich weiter. Sie glauben an sich und das, was sie können. Schon morgens, wenn sie aufstehen.

Sie arbeiten - oder besser gesagt sorgen (!) - für ihr Leben gern.

Sie lieben sich – und ihr Leben. Konsequent.

WARUM SOLLTEST DU DICH NICHT LIEBEN? EBEN, IST SCHWACHSINN.

DU DARFST DICH FREI DENKEN

Erneut ist mir heute in der Arbeit mit meinen Klienten bewusst geworden, wie oft wir Menschen uns durch unser Denken selbst einschränken: in unseren Träumen, Möglichkeiten, Lebenswegen, Lebensstilen, Zielen, Gefühlen und vielem, vielem mehr.

ICH kann doch nicht Vorstand werden!
ICH kann nicht einfach meine Arbeitszeit reduzieren!
ICH kann doch nicht einfach den Job wechseln!
ICH kann unmöglich meinen Stundenlohn erhöhen!
ICH kann niemals vier Wochen Urlaub am Stück nehmen.
ICH kann das meinem Partner nicht zumuten!
ICH kann das unmöglich tragen!

Ich könnte die Liste endlos fortführen. Wenn du die Beispiele noch einmal genau anschaust, wird dir auffallen, dass alle Sätze mit „ich kann nicht" beginnen. Andere könnten es vielleicht, aber ich..? Ich doch nicht, niemals!?
Dabei stimmt diese Aussage in den meisten Fällen –
wenn man sie ganz genau betrachtet – so nicht.

Ich könnte vielleicht schon, wenn ich…
…wollte.
… es mir erlauben würde.
… keine Angst vor Veränderungen hätte.
… mehr Selbstbewusstsein hätte, es mir zutrauen würde.
… die Reaktion anderer nicht so wichtig nehmen würde.
… an mich und meinen Erfolg glauben würde.

Viel hilfreicher als sich gedanklich also immer wieder zu sagen, was man alles nicht kann oder was alles nicht möglich und unerreichbar ist, wäre somit, sich zu fragen:

Unter welchen Umständen könnte ICH?
Was bräuchte ich (von mir, von anderen), damit ich…?
Wie wäre es eventuell möglich?
Was würde mir helfen, meinem Ziel näher zu kommen?
Und vor allem: Wie müsste ich denken? Vor allem über mich, mein möglichstes?

Versuche, dich gedanklich auf deinem Weg nicht selbst einzuengen und zu behindern, son-
dern dich im wahrsten Sinne des Wortes FREI ZU DENKEN.
Ich kann. Ich darf. Ich will.
ICH.

Mit diesem Post möchte ich dich ermutigen:

Hör auf, dir deine Träume und Wünsche mit Gedanken selbst zu verbauen.
Erlaube dir gedankliche Stolpersteine, aber bleibe nicht darauf sitzen.
Traue dich, mutig über sie hinweg zu sehen und zu gehen.

BIST DU,
WIE DU SEIN WILLST?

FREIE ZEIT

Vielleicht ist heute dein „freier" Tag. Die Arbeit ruft nicht, die Geschäfte für den alltäglichen Bedarf haben geschlossen, und es gibt kein festes Programm, das es zu erledigen gilt.

Wie nutzt du deine freie Zeit? Fühlst du dich frei heute? Bist du so frei und tust heute, worauf du Lust hast ,und wonach dir der Sinn steht? Vielleicht machst du einen Ausflug in die Natur oder treibst endlich einmal wieder ausgiebig Sport. Vielleicht liegst du auch lieber mit einem Buch und einer Wolldecke auf dem Sofa und machst es dir gemütlich. Vielleicht verabredest du dich mit Freunden, unternimmst etwas mit deiner Familie oder besuchst eine interessante Veranstaltung. Vielleicht arbeitest du ab, was du in der vergangenen Woche nicht geschafft hast. Vielleicht lässt du dich zu etwas hinreißen, wonach dir eigentlich gar nicht der Sinn steht. Vielleicht ziehst du dir auch einfach nur die Decke über den Kopf oder du weißt gar nicht, was du mit deiner freien Zeit überhaupt anstellen sollst...

Was bedeutet für dich FREIE ZEIT?

Liebst du freie Tage wie heute, weil sie dir die Gelegenheit geben, aus dem alltäglichen Hamsterrad auszusteigen? Hasst du sie, weil dir in deiner freien Zeit vieles, das du ansonsten eher verdrängst, schmerzlich bewusst wird? Oder ist ein freier Tag für dich nichts Besonderes, weil du jeden Tag als einen für dich „freien" Tag begreifst, der dir wie jeder andere auch die Chance bietet, dein Leben nach deinen Vorstellungen zu gestalten und zu leben? Betrachtest du jeden Tag als Geschenk, weil du damit anfangen kannst, was du willst?
Ist dir das eigentlich bewusst?

Ist dir klar,
... dass im Prinzip jeder Tag ein freier Tag ist
... dass du jeden Tag die Chance hast, etwas Bestimmtes daraus zu machen
... dass du jeden Tag die Wahl hast, wie du lebst, welcher Arbeit du nachgehst, mit welchen Menschen du dich umgibst und wie viel Freude du an deinem Leben hast
... dass DU die Entscheidung triffst, was aus DEINEM freien Tag wird?
JEDEN TAG???
Ist dir klar, dass jeder Tag ein Tag deines Lebens ist, ein LEB-TAG?

Bedenke: Jeder Tag schenkt dir ein Stück leben, und er kostet dich ein Stück Leben. Das, was du heute tust oder nicht tust, wird zu einem Teil deines Lebens oder geht verloren.

Stell' dir vor, du würdest für jeden deiner Lebtage ein Bild malen, und die Bilder am Ende zu

einem großen Buch binden. Wie sähen deine Lebtage aus?
Fröhlich, traurig, glücklich, gestresst, einsam, niedergeschlagen, bunt, zuversichtlich, beschwingt… du hast es in der Hand.

Wie nutzt du die freie Zeit, die Chance, die sich dir heute bietet?

WENN DU FÜR ALLES KEINE ZEIT HAST, MACH NICHTS.

WIE FÜHRST DU DICH SO?

Ja, du hast schon richtig gelesen: Nicht wie fühlst, sondern FÜHRST du dich? Das klingt vielleicht etwas seltsam in deinen Ohren, aber mir geht es wirklich um deine Führung. Wie führst du dich und dein Leben? Wohin führst du dich, auf welche Wege, was verfolgst du in deinem Leben? Ist dir überhaupt bewusst, wie wichtig es ist, sich selbst gut zu führen?

Wer sich selbst nicht führt, lädt andere dazu ein, die Führung zu übernehmen: den Partner, den Chef, die Eltern, die Kinder. Wer dies einfach geschehen lässt, wird unter Umständen abgelenkt und verführt und ist im schlimmsten Fall am Ende nicht mehr „Herr seiner selbst". Auch wenn es vielleicht gut gemeint ist, so haben doch die wenigsten dabei dein Wohl im Blick, sondern vor allem ihr eigenes. Sie profitieren in irgendeiner Weise davon, dass sie in dein Leben eingreifen und dich in eine Richtung lenken. Sonst würden sie es nicht tun. Wo lässt du dich gerne (ver-)führen, und auf welche Kosten?

Bitte verstehe mich richtig: Ich meine nicht, du solltest immer alles im Griff haben und nicht auch mal die Zügel locker lassen. Ganz im Gegenteil, denn dies ist eine wichtige Fähigkeit. Natürlich darfst und sollst du auch immer wieder mal die Führung „abgeben" und dich auf eine Situation, eine Erfahrung, einen Menschen oder eine ‚höhere Führung' einlassen, ohne Ziel und Absicht und voller Vertrauen dich lenken, treiben und leiten lassen. Dies zu können ist eine Kunst. Worum es mir geht, ist dich dafür zu sensibilisieren, in welchen Momenten du die Führung über dich und dein Leben abgibst, und warum.

Wie ist dein Führungsstil?
Wenn du die Führung abgibst, ist dir das dann auch bewusst?
Ist das in diesen Momenten von dir so gewünscht?
Bist du dir im Klaren über die möglichen Konsequenzen?
Wenn du die Führung übernimmst, tust du das für dich, oder weil jemand anderes sich in dem Moment nicht selbst um sich kümmert?

Stell dir vor:
Du führst dein Leben.

Du führst dich, so wie du es gerne möchtest und wie es dir gut tut. Du hörst auf deine innere Stimme und Intuition (innere Führung). Du folgst deiner Vision, du gehst deinen Weg und hast ihn klar im Blick. Du erkennst, wenn ein Mensch oder äußere Umstände dich davon ablenken. Du übernimmst Verantwortung für dich und schaffst es, liebevoll bei dir und „auf Kurs" zu bleiben. So ermutigst du auch andere, auf sich selbst zu achten und souverän und selbstbestimmt zu leben. Persönliche Führung ist ein innerer und äußerer Vorgang, dein Leben so zu gestalten, dass es dir, deinen Zielen und Werten entspricht und dich mit Zufriedenheit erfüllt. Eine schöne Aufgabe, finde ich.

DU DARFST DICH
VORBEHALTLOS
AUSPROBIEREN.
ACHTUNG,
ES KÖNNTE EIN
ERFOLG WERDEN.

ALLES EINE FRAGE DER GEWOHNHEIT

Kennst du das? Du möchtest etwas ändern, das dir schon lange missfällt, und du schaffst es einfach nicht, diese leidige Sache abzustellen. Du möchtest endlich regelmäßig Sport treiben, dich anders kleiden, mit dem Kaffee trinken aufhören, dich gesünder ernähren, aus dem beruflichen Hamsterrad aussteigen, frischen Wind in deine Beziehung bringen, die blöden, alten Gedanken loswerden, dich nicht mehr schuldig fühlen... und du schaffst es trotzdem einfach nicht?

Du willst die Veränderung wirklich und probierst es auch immer wieder, du bist schon total verkrampft und selbst genervt von dem Thema. Deine eingetretenen Pfade zu verlassen gelingt dir schlicht nicht, und trotz verschiedener Anläufe und Experimente fällst du nach einer Zeit wieder in das Bekannte zurück.

Wie kommt das?

Wenn wir über einen langen Zeitraum hinweg ein bestimmtes Denk-, Fühl- oder Verhaltensmuster „pflegen" und „wieder-holen", passiert es, dass sie mit der Zeit zur Gewohnheit werden. Das heißt: Wir denken, fühlen oder verhalten uns immer mehr automatisch so. Wir hören auf, darüber nachzudenken und das, was wir tun, ganz bewusst zu tun und zu reflektieren. Unsere Aufmerksamkeit liegt in dem Moment woanders. Und so merken wir erst hinterher, dass wir es schon wieder gedacht, gefühlt oder getan haben... und schon ist es - ups - schon wieder zu spät! Manchmal fehlt uns auch schlichtweg die Kraft, uns gegen das, was uns schon so in Blut übergegangen ist, zu widmen.

Wie kann es dennoch gelingen, eine Gewohnheit zu durchbrechen?

1. Bewusstwerdung
Auch, wenn es paradox klingt: schenke deinen Gewohnheiten Aufmerksamkeit.
Dazu ein paar Beispiele.

• Achte auf den wieder kehrenden Gedanken. Wie fühlt es sich an, wenn du ihn aussprichst? Wie verändert sich deine Stimme, deine Körperhaltung, dein Gegenüber?
• Anstatt die erste Zigarette morgens bei der Zeitung oder auf dem Weg zur Arbeit zu rauchen, setze dich hin und lege Zigaretten und Feuerzeug vor dich hin. Sieh hin. Dann rauche. Nutze jeden deiner Sinne. Na, wie riecht es, wie schmeckt es, wie fühlt sich das insgesamt an?
• Dein Partner meckert schon wieder über „xy" zum hundertsten Mal. Würdest du nun eigentlich wie aus der Pistole geschossen antworten und dich wütend fühlen? Dieses Mal aber konzentrierst du dich darauf, ruhig zu atmen, deinen Partner genau anzuschauen und

hinzuhören. Du bemerkst, wie sich dein Gefühl verändert und der Impuls, sofort zu reagieren, wieder verschwindet.

Unser Gehirn unterscheidet nicht zwischen guten und schlechten Gewohnheiten. Es kontrolliert nicht, ob diese gewohnte Art zu fühlen, zu denken oder zu handeln in dem Moment wirklich sinnvoll und wohltuend für dich ist. Es spult einfach ein Programm ab, dass es schon kennt.
Darum ist es so wichtig, sich die Gewohnheit (wieder) bewusst zu machen. Der Akt der Bewusstwerdung ist wie eine „Pause-taste".
Er schenkt dir Zeit zum Abwägen.

2. Abwägung

Nun kannst du dich in aller Ruhe fragen, ob das, was du tust, wirklich gut für dich – im Sinne von förderlich, nützlich, wohltuend, befriedigend, lösend ... - ist.
Wenn ja, ist es eine gute Gewohnheit, und du kannst sie fröhlich fortsetzen. Das sind die lieb gewonnenen Gewohnheiten, die uns meist wenig Ärger bereiten. Wenn deine Antwort allerdings „nein" lautet, ist klar, dass du dein Verhalten, Fühlen oder / und Denken an dieser Stelle NICHT achtlos fortsetzen solltest. Frage dich, was du im Augenblick eigentlich brauchst (z.B. einen Moment Ruhe, Abstand, körperliche Betätigung, Gedankenwechsel usw.), und wie du dir das wirklich geben könntest. Hinter der Gewohnheit steht immer ein Bedürfnis.

3. Veränderung

Bisher hast du immer „xy" getan. Wenn du willst, dass sich das ändert, hilft es nichts, immer wieder dasselbe zu tun, sondern etwas anderes. Mache dir klar, dass es einen besseren Weg als den bisherigen gibt und verlasse dich nicht darauf, dass es dir im entscheidenden Moment einfach gelingen wird, dein gewohntes Muster zu durchbrechen. Der Wille allein reicht nicht. Plane vorausschauend und verändere die Umstände: zeitlich, räumlich, innerlich. Meide die Plätze, an denen du bisher immer deiner Gewohnheit gefolgt bist oder gestalte sie um. Entwickele eine neue Routine, zum Beispiel, indem du morgens etwas früher aufstehst und eine Aktivität einplanst, die dein Bedürfnis befriedigt. Experimentiere. Vielleicht findest du nicht auf Anhieb das richtige. Das macht nichts. Verändere die Umstände so lange, bis in dir wirklich Vorfreude auf das neue entsteht, wenn du nur daran denkst. Stelle dir vor, wie dein Leben in ein paar Wochen, ohne „xy" aussehen wird. Mache dir bewusst, wie es dir mit deinen neuen Gewohnheiten gehen wird. Schenke deinen neuen Gewohnheiten viel Aufmerksamkeit. Spüre die Kraft, die Leichtigkeit und Zufriedenheit, die damit einhergehen wird.
4. Umstellung

Dein Kopf wird am Anfang mit dem neuen Weg wahrscheinlich noch nicht ganz einverstanden sein. Es werden Zweifel, Unsicherheiten, Nervosität oder Sorgen aufkommen. Vielleicht wünscht sich ein Teil von dir, einfach wieder in das alte, bekannte Muster zu verfallen. Das ist ganz normal - und wäre so bequem. Lass dich davon nicht irritieren. Es ist eine Umstellung. Ohne eine gewisse Anstrengung und das entschiedene, geduldige Üben des Neuen wird es nicht funktionieren.

Die gute Nachricht: Auch das neue, am Anfang noch unbekannte, ungewohnte wird irgendwann zur Gewohnheit. Der Tag, an dem du das Gewünschte einfach wie von selbst tun wirst, ohne groß darüber nachzudenken oder dich anzustrengen, ist nicht weit.

GEWOHNHEITEN NERVEN, ODER SIE STÄRKEN.

IN WELCHER ZEIT LEBST DU?

Dir ist schon längst klar, dass die beste Zeit immer genau jetzt ist. Du weißt, wenn du es heute nicht schaffst, dich um dieses oder jenes zu kümmern, wirst du es morgen vielleicht auch nicht tun. Im Großen wie im Kleinen. Also, heute ist ein guter Tag, um deinem Traum, deinen Zielen tatsächlich näher zu kommen. Du nimmst dir ernsthaft auch vor, dich wirklich darum zu kümmern.

Endlich den Businessplan für den Sprung in die Selbstständigkeit zu schreiben...
Endlich den Hörer in die Hand zu nehmen, um neue Kontakte zu knüpfen...
Endlich die erste Seite deines Buchs schreiben...
Den Flug in die Südsee buchen...
Dich an ein neues Projekt wagen ...
Mal wieder tanzen gehen...
Mit der Familie Pläne für die Zukunft schmieden.

Heute geht es los, heute wage ich es wirklich – oh ja!
Und dann: BÄNG, das Leben will es anders!

Du wirst krank, der Ablauf in der Spülmaschine geht kaputt, dein Fahrrad hat einen Platten, die Kinder wollen nicht einschlafen, ungeliebte Arbeiten stapeln sich, deine Frau ist schlecht drauf. Klar ist: Heute klappt DAS ganz sicher nicht … und morgen nicht ... und wieder nicht. Obwohl du es dir wirklich vorgenommen hast und „alles dafür getan hast".

Es funktioniert einfach nicht: Dein Leben.

Was ist jetzt wichtig? Nicht aufgeben. Nicht verkrampfen, nicht zweifeln. Weder an deinen Plänen und schon gar nicht an dir. Sondern: gelassen bleiben. Ruhe bewahren. Atmen. Dich still fragen:

Welche Zeit ist JETZT?
Was steht an?
Was MUSS jetzt offensichtlich sein, getan werden?
Was ist JETZT das SINNVOLLSTE, das ich tun kann?

Nur, weil du dir JETZT deinen Traum nicht erfüllen kannst, du gerade keine Zeit für etwas findest, das du ganz klar willst, heißt das nicht, dass das auch später – zu einer anderen Zeit – so sein wird.

Ich zum Beispiel hege schon seit längerer Zeit den Traum ein Kinderbuch über Stadtlebensgeschichten zu schreiben. Ich nehme es mir auch immer wieder vor. Aber einfach ein Buchschreiben „neben" zwei kleinen Kindern, Klienten, Blog, Kunst, regelmäßigem Sport...? Unmöglich, wirst du wahrscheinlich sagen. Und ich sage dazu: Ja, das stimmt. Aber nur im Moment. Jetzt ist eine andere Zeit. Jetzt ist die Zeit, für meine Kinder da zu sein, für meine Klienten. Jetzt ist die Zeit für künstlerische Aktivitäten, für Sport. Das sind meine „Säulen", die ich brauche, um seelisch und körperlich gesund zu bleiben. Alles andere, weiß ich, wäre „nice to have" und wird kommen. Zu einer anderen Zeit.

Zeiten ändern sich.

In welcher Zeit befindest du dich?
Was ist für dich in dieser Zeit wichtig?
Welche Zeit soll später kommen?
Worauf darfst du dich mit etwas Gelassenheit schon heute freuen?
Wie könntest du die Zeit, die gerade ist, am besten annehmen?

Eine Zeit erkennen und von anderen unterscheiden zu können, kann von großem Wert und überaus befreiend und entlastend sein.
Manchmal tun sich genau dadurch sogar neue Zeiten auf.

ZEITEN ÄNDERN SICH. WIRKLICH.

JETZT, HIER, HEUTE

Wenn ich in diesem Moment auf mich und mein Leben schaue, so bin ich ohne jeden Zweifel sehr glücklich und zufrieden damit.

Lebenswert. Liebevoll. Ausgefüllt. Angenehm ruhig, und dennoch lebendig.

Das ist die GEGENWART, so würde ich mein Leben heute bezeichnen und ich bin sehr dankbar dafür.

Denn das war nicht immer so.
Es gab Zeiten, da hatte ich auf verschiedenen Ebenen mit dem Leben zu kämpfen.
Es gab eine Zeit, in der ich beinahe ständig krank war. Eine Zeit, in der es tiefe Konflikte mit meinen Eltern gab. Eine Zeit, in der ich todunglücklich in Beziehungen war. Eine Zeit, in der (scheinbare) Freundschaften mich belasteten. Eine Zeit, in der ich mir große Sorgen machte, meistens um die Zukunft.
Diese Zeit ist vorbei. Sie ist VERANGENHEIT.

Jetzt, hier, heute: sitze ich in der Sonne, genieße die kraftvollen Strahlen und erfreue mich meines Lebens, so wie es augenblicklich ist. Ich bin gesund. Ich bin dankbar für meine Familie. Ich liebe meinen Mann und meine Kinder, meinen Beruf. Ich pflege echte Freundschaften. Ich freue mich auf die ZUKUNFT.

Natürlich ist mein Leben nicht jeden Tag toll. Auch ich habe nervige Tage, bin krank, streite mich usw. Aber es gibt immer mehr Tage, die so sind wie oben beschrieben: weitgehend unbeschwert. Seitdem das so ist, hat das Leben hat für mich einen solchen Wert und eine solche Qualität angenommen, dass ich es wirklich, wirklich liebe und keinen einzigen Tag mehr missen mag.

Dorthin zu kommen war wirklich nicht einfach. Zeitweise war es harte Arbeit an mir. An meinem Selbstvertrauen, meinem Selbstbewusstsein, meinem Blick auf das Leben. An meinen frühen Prägungen, Glaubenssätzen, Verhaltensweisen. An meinen aktuellen Einstellungen, „Vorstellungen" und Werthaltungen. Das wirkte sich natürlich auf mein Umfeld aus. Beziehungen und Kontakte veränderten sich, von so manchem und manchen trennte ich mich. Erst noch zögerlich, dann zunehmend konsequent. Das Ergebnis? Das Leben, das ich heute führe, hat mit meinem früheren wenig zu tun. Mein Leben ist im positivsten Sinne „umgekrempelt". Ich bin frei und unabhängig. Und was andere darüber denken, ist mir nicht mehr so wichtig. Auch das war früher anders.
Mittlerweile achte ich besonders darauf, dass dieser Lebenszustand so schnell nicht wieder

eintrübt. Man könnte sagen: Mein Leben ist mir heilig geworden. Ich sorge für mein inneres und äußeres Wohlbefinden. Ich achte auf das, was ich aufnehme, die Menschen und Energien, mit denen ich mich umgebe. Ich achte auf das, was ich tue. Ich bin achtsam geworden mit mir und meinem Leben. Ich lasse es nicht vor mich hin schleifen und Tag für Tag einfach so vergehen. Ich versuche, jedem Tag Bedeutung zu schenken und meinem Tun Sinn zu verleihen. Ich möchte mich später an ein glückliches Leben erinnern!!!

Warum schreibe ich dir dies? Ich möchte dir ein authentisches Beispiel dafür geben, dass es wirklich möglich ist, ein lebenswertes, glückliches Leben zu führen. Ich möchte, dass es dir auch in deinem gut geht. Ich möchte dir Mut machen, dich – jetzt, hier, heute – aufzumachen und für dein glückliches Leben zu sorgen.

Ohne dich, ohne deine „Mit-arbeit" und „Mit-wirkung" geht es nicht.
Es ist oft nicht einfach, doch es lohnt sich, wirklich!

Wenn du magst, wirf noch heute einen achtsamen Blick auf dich und dein Leben:

Wie geht es dir damit? Womit kämpfst du gerade?
Welche Themen, Leiden, Konflikte schleppst du schon lange mit dir herum?
Wer oder was raubt dir Energie / Kraft / Platz / Zeit / Geld /… ?
Was möchtest du beenden, hinter dir lassen, anders fortsetzen, neu anfangen?
Was möchtest du tun, um dich – am besten schon morgen – besser zu fühlen?
Wie könntest du sofort für etwas mehr Gesundheit, Zufriedenheit und Unbeschwertheit in deinem Leben sorgen?

Womit beginnst du – jetzt hier, heute – für deine glückliche Zukunft?

WENN DU DICH NICHT BEWEGST, WUNDERE DICH NICHT, DASS NICHTS IN GANG KOMMT. DAS GROßE RAD MUSST DU SCHON SELBST DREHEN.

LÄSTIGES „ES"

Du möchtest ein altes Thema endlich loswerden, ein überflüssiges oder nervig gewordenes Verhalten ein für alle Mal aufgeben, zum Ziel kommen, ein neues Leben? Du hast „ES" angeschaut, bearbeitet, für dich geklärt. Bücher gelesen. Dir vielleicht sogar Unterstützung von außen geholt, Geld und Zeit investiert.

Gekämpft, gekämpft, gekämpft.

Doch „ES" will nicht gehen, du wirst „ES" einfach nicht los, dieses Thema, dieses eingeschliffene Muster. Was könntest du noch tun?

Dir fällt nichts mehr ein, du kommst nicht dagegen an. Du fragst dich:

Vielleicht bin ich nicht stark genug?

Werde ich es jemals schaffen ‚ES' hinter mir zu lassen?

Verzweiflung, Ohnmacht, Scham, Wut..

Dabei willst du „ES" doch wirklich nicht mehr. Was du willst, ist doch das Gegenteil.

Du willst dich über ein bestimmtes Thema nicht mehr aufregen. Du willst die Nörgelei von deinem Partner nicht mehr hören. Du willst dich nicht mehr so leicht verunsichern lassen. Du willst nicht mehr so lange im Büro bleiben. Du willst kein Fleisch mehr essen.

Du willst nicht mehr rauchen.

Und du schaffst es nicht... Wieso „GEHT ES" nicht? Du hast doch alles dafür getan. Alles.

Und doch: „ES bleibt".

Was ist aktuell dein lästiges „ES"?

Warum wirst du es nicht los?

Solange du dein Problem - deine Unfähigkeit, deinen Mangel, deine Unzulänglichkeiten, ... - in das Zentrum stellst, wirst du zwangsläufig (!) darum kreisen und nicht davon los kommen. Klingt logisch, und doch nimmst du das, was du (noch) nicht schaffst und leisten kannst, wie selbstverständlich jeden Tag auf's Neue in den Fokus und beschäftigst dich immer und immer wieder damit. Du schaust eben nicht „andauernd" nach vorne, du „kreist" eben nicht „ständig" um das, was du erreichen könntest oder führst dir vor, was du schon geschafft hast. Nein, du siehst nur, was oder wo du (noch) nicht bist und was dich hindert, aber nicht, was du könntest. Warum eigentlich nicht???

Wer in Richtung des alten schaut, wird schwer ins Neue kommen.

Wer vorwärts leben will, darf nicht zu lange rückwärts schauen.

Also: Blickwinkel ändern und handeln!!!

Anstatt weiter zu versuchen, das nervige „ES" loszuwerden und ihm damit jedes Mal wieder neue Energie zu schenken. Lass NEUES in dein Leben- jeden Tag- anstatt darum zu kreisen, was du nicht mehr willst, Formuliere, was du willst und was du ab sofort tun wirst. Sei nicht gegen das Alte, sei FÜR das Neue!

Welches Ziel du dir auch gesetzt hast, wähle stets den passenden Blickwinkel. Mach' dir bewusst, was du tun kannst, welche Möglichkeiten und Freiheiten du hast. Handle!

Erlerne eine Atemtechnik. Plane feste Freizeiten ein. Beende Gespräche, wenn du dich unwohl fühlst. Triff' Verabredungen mit Menschen, die dich unterstützen könnten.

Auch wenn „das Ende des alten" vielleicht noch nicht in Sicht ist: Hab' den Mut nach vorne zu schauen und zu gehen. Genau das wird dir kreative Einfälle und FORT-SCHRITTE ermöglichen und dein „ES" mit der Zeit verblassen lassen.

DURCHBRÜCHE BRAUCHEN KRAFT, WIDERSTAND UND EINEN RAUM, DEN ES SICH ZU EROBERN LOHNT.

STOP IT

Die ausweglose Situation. Die never ending story, Das ganz große Kino. Das ewige Drama. Das nicht zu stoppende Hamsterrad. Der Dauerstress. Das unmögliche Verhalten. Die unüberwindbare Kränkung...

Bist du ein guter „storyteller"?

In Gesprächen fällt mir immer wieder auf, dass vielen Menschen oft nicht bewusst ist, dass sie selbst dazu beitragen, dass sich bestimmte leidvolle Erfahrungen oder Geschichten in ihrem Leben auf unangenehme Weise festsetzen oder im schlimmsten Fall sogar ständig wiederholen. Ihnen ist oft gar nicht klar, dass die Art und Weise, wie sie über einen Konflikt oder etwas Erlebtes berichten, beinah verhindert, in der Zukunft andere, nämlich positive Erfahrungen zu machen. Sie hängen ihre Erzählungen an vergangenen auf und wundern sich dennoch, weshalb sie von ihnen nicht loskommen.

Immer werde ich ausgenutzt / hintergangen / überhört...
Ich bin nicht sportlich / intelligent / hübsch / vermögend genug...
Ich werde niemals den Job / Partner /... finden, der...
Ich war schon immer ein Angsthase / ein fauler Hund / ...
Ich werde niemals lernen...
Ich bin nicht geboren um zu.... .
Es wird sich niemals ändern...
Es gibt keine Alternative.
Ich habe keine Wahl.
Es ist aussichtslos.

Allen diesen Aussagen ist gemeinsam, dass die erzählende Person sich in dem Moment...

• selbst stark abwertet,
• als Opfer der Situation wahrnimmt und darstellt,
• auf die eigenen Schwächen konzentriert,
• den Blick für die eigenen Ressourcen verliert,
• sich selbst als selbstunwirksam, (handlungs-)unfähig oder machtlos etikettiert,
und sich damit immer mehr in eine echte Abwärtsspirale und das „Elend" hinein manövriert, bis es tatsächlich irgendwann sehr schwierig wird, aus der Geschichte wieder heraus zu kommen.

Dauerhaft können solche „Geschichten" verheerende Auswirkungen haben: Man läuft Gefahr, diese Geschichten tatsächlich zu glauben und dementsprechend zu denken, zu fühlen und zu handeln. Man bemerkt nicht mehr, wie selbstschädigend die Art zu sprechen geworden ist, und wie sehr die Sprache und die Gedankenwelt immer mehr von selbst konstruierten Blockaden, Abwehrmechanismen und Sabotagen durchzogen ist.

Anstatt den „wirklichen, wahren Anteil" an der Situation zu sehen und sich auf Handlungsmöglichkeiten, Lösungskompetenzen und Ressourcen zu besinnen, macht man sich immer kleiner, meidet zunehmend bestimmte Situationen und Beziehungen und rückt sich eine „schöne" Geschichte zurecht. Man kann ja nichts dafür, Man hat ja nur... ach, man bleibt einfach bei „seiner" Wahrheit, Hauptsache, alles bleibt wie es ist und die anderen sind schuld.

Wenn du dieses storytelling von dir kennst, sieh zu, dass du diese Selbstverleugnungsstory schleunigst beendest und dich endgültig von ihr verabschiedest.

PLEASE, STOP IT!

Übernimm' Verantwortung, beende dies Geschichte(n). Wechsele die Perspektive und denke dir was Besseres für dich aus als die arme Mitleidsnummer! Ob du es hören magst oder nicht: Du ganz allein trägst die Verantwortung für deine Rollen, deine Geschichten, dein Leiden.
Frage dich:

Wie könnte die Geschichte aufhören?
Wie könnte ich sie anders fortsetzen?
Welche neuen Denkweisen, Verhaltensweisen und Rollen könntest oder müsstest du dazu einnehmen? Was hast du dich vielleicht bisher noch nicht ehrlich getraut zu sagen, zu tun oder zu denken? Bist du so mutig es auszuprobieren?
Was würde dir wieder das Gefühl geben, wieder eigens Regie über dein Leben zu führen?
Wo gilt es mehr Selbstverantwortung zu übernehmen?
Wie könntest du selbst wieder aktiv für andere, positive Erfahrungen sorgen?

Versuche wirklich, deine Situation einmal anders zu betrachten und anzugehen.
Höre auf zu glauben, dass andere mehr Einfluss haben und mächtiger sind als du. Erlaube dir heute ganz bewusst gute, kraftvolle Gedanken und entscheide dich dazu positiven Einfluss auf dich und dein Leben zu nehmen.

Mach' Schluss mit der alten Leier.

OPFER FINDET MAN IMMER UND ÜBERALL.

THESE DAYS...

Es gibt Tage, an denen nichts geht. Erst kürzlich hatte ich einen solchen Tag. Morgens fuhr mir ein Lkw in mein neues Auto. Ich wurde angeblafft, obwohl mich nachweislich keine Schuld traf. Den Vormittag verbrachte ich im Autohaus. Kurz danach kam der Anruf, dass ein mir nahestehender Mensch bald aus dem Leben scheiden wird. Um dem Tag eine andere Richtung zu geben, entschied ich mich ein Bad zu nehmen. Doch es gab ein Malheur bei meinem großen Sohn im Kindergarten. Also Abbruch. Als ich wieder zuhause war, erreichte mich die Nachricht meines Mannes, dass er es leider nicht schaffe vor 22 Uhr zuhause zu sein. Ich sah aus dem Fenster, es regnete. In Strömen. Im Juni.

Es war mein Geburtstag.

Geplant hatte ich ihn natürlich ganz anders. Ich wollte einen wunderschönen Tag verbringen, bei Sonnenschein. Mich entspannen. Fein essen gehen, schwimmen.

Nun, jeder von uns kennt solche Tage. Die spannende Frage ist: Wie kriegt man sie „gut" rum, ohne gefühlsmäßig durchzudrehen? An solch einem Tag sich noch eine Portion Humor bewahren und relativ gelassen bleiben - geht das?

Ja, es geht. Für manche vielleicht erst mit etwas Übung.

Also, wie schaffst du das?

Zuerst einmal ist es wichtig, möglichst früh zu bemerken, dass es einer dieser Tage ist. Nichts gelingt, wie es sollte, um dich herum widrige Umstände, es passieren unerwartete Missgeschicke, es herrscht Katastrophenkumulation.

Anstatt nun wie verrückt an deinen Plänen für den Tag festzuhalten, atme durch, streiche jedes „ich wollte doch noch...", „ich muss unbedingt", „ich kann doch jetzt nicht...". Erst nur für den Moment, und dann für den Tag. Ich weiß, dieser Schritt ist erfahrungsgemäß echt schwierig. Dennoch: Verabschiede dich.

Dazu ein hilfreiches Bild:

Stell' dir vor, du willst den Gipfel eines Bergs erklimmen. Dafür hast du alle Vorkehrungen getroffen: Du bist trainiert, trägst gutes Schuhwerk und passende Kleidung, hast Verpflegung dabei, auch einen Kompass, eine Karte und was man sonst noch so für einen Aufstieg braucht. Auf geht's. Du startest. Nach einer Weile kommt Sturm auf. Du gehst weiter. Schließlich hast du dir was in den Kopf gesetzt. Der Wind wird mit jedem Schritt stärker. Du setzt einen Fuß vor den anderen. Weiter, sagst du dir. Schließlich bläst der Wind so gewaltig, dass du nur noch mit größter Mühe vorwärts kommst.

Was ich mit diesem Bild sagen will: Natürlich kannst du deinen Weg versuchen ganz beharrlich fortzusetzen. Ob du unter den Umständen dein Ziel allerdings erreichen wirst, ist ohnehin mehr als fraglich. Es wird dich auf jeden Fall immens viel Kraft kosten, sowie Zeit und „Nerven". Vielleicht stresst dich der Weg so sehr, dass du dich bei der Ankunft am Ziel überhaupt nicht mehr darüber freuen kannst und dich nach etwas ganz anderem sehnst.

Die Alternative ist die oben beschriebene: Durchatmen. Erkennen, dass krampfhaftes Festhalten an ursprünglichen Vorhaben keinen Sinn macht.

Dann kannst du dir in aller Ruhe überlegen, worum es dir bei deinem Vorhaben eigentlich ging, um welche Gefühlsqualität, welche Bedürfnisse usw.
Was kannst du spontan tun, um sofort in dieses Gefühl zu kommen, dein Bedürfnis auf andere Art und Weise zu befriedigen usw.

Wenn dir zum Beispiel der Weg auf den Berg versperrt ist und es dir bei dem Trip darum ging, zu entspannen und dich frei zu fühlen, könntest du dich auch auf den Boden setzen, die Arme ausbreiten und dich in verschiedene Himmelsrichtungen drehen. Was dir wichtig ist, kannst du dir vielleicht auch anders geben. Öffne dich für andere Ideen, folge spontan deinen Impulsen und gib' dich hin. Lass' alle Pläne, alles müssen, wollen... los!

Es kommt auch wieder eine andere Zeit, ein neuer Tag, neues Jahr! Jeder Sturm geht vorbei. Jeder Berg hat ein Tal, wenn sich der Sturm gelegt hat, kannst du nachspüren, ob du immer noch auf den Berg willst oder du schon längst „erfahren" hast, was du wolltest, nur eben auf anderen Wegen.

Das Leben nimmt manchmal seltsame Wege.
Sei bereit und flexibel genug, ihm zu folgen!
Besinne dich auf das Wunder des Schönen.

ANGST WIRKT
MANCHMAL WIE
EIN KATAPULT.
WOHIN HAT SIE DICH
SCHON GEBRACHT?

UNMÖGLICH, DAS SCHAFFE ICH!?

Gibt es eine Sache, die du in deinem Leben vermisst? Oder unheimlich gerne schaffen oder erreichen würdest? Gibt es etwas, das du bisher nicht getan hast, weil du denkst, du kannst es sowieso nicht oder bist nicht der Typ dafür? Denkst du schon lange daran und wagst dich trotzdem nicht heran?

Wenn du diesbezüglich folgende Sätze schon öfter von dir bzw. von anderen gehört hast, solltest du sofort Acht geben:

„Das kann ich nicht. Das schaffe ich niemals."
„Das macht doch keinen Sinn."
„Mir fehlt einfach das Zeug dazu…"
oder:
„Das willst du machen, wie kommst du denn auf die Idee?"
„Das ist doch wirklich nicht dein Ding."
„Lass das doch, überleg' dir lieber was anderes."
„Das kann doch nichts werden, wozu dich blamieren?"

Solche Aussagen können eine ungeheure Macht haben. Sie können dich über Jahre davon abhalten, das zu tun, was du schon immer wolltest: etwas ganz bestimmtes ER-LEBEN! Dazu zwei Beispiele von mir:

1) In der Schule sagte mir mein damaliger Kunstlehrer, ich sei untalentiert im Malen. Irgendwann habe ich es einfach getan, weil ich immense Lust dazu verspürte. Damals wusste ich nicht, was daraus werden würde. Heute arbeite ich in meinem eigenen Atelier, male großformatige Bilder, nehme an Ausstellungen und Auktionen teil und berühre mit meinen Werken die Leidenschaften anderer Menschen.

2) Joggen! Lange dachte ich, ich könne das nicht und redete mir ein, ich hätte nicht die Ausdauer und sagte mir, joggen sei zu schwer und anstrengend für mich. In meiner Herkunftsfamilie gab es schon einen sehr erfolgreichen Sportler, meinen Bruder. Dann jedoch, eines morgens – übrigens mit Kinderwagen – war ich nicht mehr zu halten und bin einfach losgelaufen…Ich wollte es wissen. Ich schaffte es, 20 Minuten zu laufen und umrundete zu meinem eigenen Erstaunen einen kleinen See. Drei Wochen und ein paar Runden weiter lief ich 9 km! Ich kann nicht joggen!? Darüber kann ich heute nur lachen.
Du solltest dir selbst und anderen nicht immer alles glauben.

Wenn es etwas gibt, das du eigentlich gerne tun würdest, aber .... Hier ein paar Tipps:

1. Höre auf, darüber nachzudenken.

2. Fange einfach damit an! Am besten sofort.

3. Erzähle erst einmal niemandem davon. Ihre Bedenken oder deine Angst vor anderen als Versager da zu stehen, könnte dich bremsen.

4. Überprüfe deine Erwartungen: Du musst kein Meister werden! Dein Ziel ist erst mal, es einfach „irgendwie" zu tun. Es geht um das Erleben, nicht das Gewinnen.

5a. Wenn du Glück hast, gelingt es dir ganz leicht. Glückwunsch, dann wirst du dich fragen: Warum habe ich das nicht schon viel früher gemacht?

5b. Vielleicht ist der Anfang aber auch anstrengend. Dann gib' nicht gleich auf, sondern setze die Tätigkeit / Aufgabe/ Übung noch mindestens 5, besser 10 Mal fort und lass dir von erfahrenen Menschen ein wenig helfen. Vielleicht fehlt dir nur etwas Wissen, ein wenig Kondition, gutes Equipment, …

6. Du wirst wahrscheinlich schnell merken: Ich kann es ja doch. Es braucht nur Willen und Übung.

7. Sei stolz auf dich. So richtig.

8. Korrigiere all deine Glaubenssätze, deren Botschaft bisher lautete „ich kann das nicht". Du konntest es nur im damaligen Moment noch nicht, und wahrscheinlich auch nur deswegen nicht, weil du es entweder nicht versucht oder zu früh aufgegeben hast.

9. Glaube in Zukunft mehr an dich und dein Können.

10. Motiviere auch deine liebsten, deine Freunde, deine Mitmenschen dazu, solche Gedanken hinter sich zu lassen. Zeige ihnen, dass vieles eben doch geht, wenn man es anpackt und leidenschaftlich dranbleibt.

11. Was denkst du, ist noch möglich?

Wenn auch nicht alles, so doch sicher verdammt vieles.

WER VIEL VORHAT, DARF MIT WENIG STARTEN.

WAS „KOSTEN" DEINE VERLETZUNGEN?

Verletzungen sind Teil unseres Lebens. Manche sitzen tief, manche begleiten uns kurzweilig, andere sind traumatisch. Sie beeinflussen unsere Denkweise, unser Verhalten, unsere Lebenswege, auch die Art, wie wir das Leben sehen, und wir uns auf andere zubewegen.

Wie schnell wir es schaffen, Verletzungen zu überwinden, hängt nicht nur von der Art und dem Ausmaß des Erlebten ab, sondern zu einem großen Teil (auch) von uns selbst: Von unserem willen, das Leid und den Schmerz hinter uns zu lassen… von unserer Fähigkeit und Bereitschaft, uns von dem Geschehenen zu distanzieren… von unserem Vermögen, das positive im Üblen zu sehe, von unserem „Opferwillen" und der Bereitschaft, wieder nach vorne zu schauen. Anders gesagt: Von unserem eigenen Entschluss, dem Schmerz NICHT MEHR ZEIT UND RAUM ALS NÖTIG zu geben.

Manchmal vergessen wir das. Manche wissen es nicht. Und manche wollen es nicht anders, sie verharren im Schmerz. Tage, Wochen, Monate, vielleicht sogar Jahre…
Darum schreibe ich diesen Post.

Du wurdest… ausgenutzt / hintergangen / betrogen / belogen / verlassen / gekündigt / untergraben / behindert / sabotiert / ruiniert /…?

Ganz klar, das tut weh!
Vor allem am Anfang. Nur, wenn du den Schmerz einmal (!) voll gefühlt hast, kannst du dich schlussendlich von ihm lösen. In dieser Zeit ist es wirklich wichtig, dass du besonders auf dich schaust, dir deine Aufmerksamkeit schenkst und dich so gut du kannst auf `s Liebevollste achtest und umsorgst. Was brauchst du jetzt? Selbst-trost! Bitte so viel und so lange, bis der „erste Schock" und der größte Schmerz vorüber sind.

Und dann? Irgendwann lässt der Schmerz nach. Er verändert sich. Ein wenig. Das kannst du leicht daran merken, dass deine Gedanken wieder einsetzen und du beginnst, das Erlebte einzuordnen und zu bewerten. Dein Kopf schaltet sich ein.
In dir tausend Gefühle, Gedanken.

Das war jetzt schlimm… Das werde ich nie vergessen… Darüber werde ich nie hinwegkommen… Das werde ich nie verzeihen… Wie soll es weiter gehen? usw. (Streichen?)
Wir alle kennen diesen Zustand.
Dies ist der Moment, in dem du aufhorchen und dir überlegen solltest, wie es weitergeht.

Meist entscheidet sich dies ohne unseren willentlichen Einfluss unterbewusst. Wir lassen uns leiten von unserer Angst und unserem Schmerz und sind anderen gegenüber plötzlich (beispielsweise) misstrauisch, vorsichtig, zurückhaltend, abweisend oder voreingenommen. Wir bemerken diese Änderung auch an uns und fühlen uns auch nicht sonderlich wohl damit, denn die Angst beseitigt das nicht. Aber auf keinen Fall wollen wir eine ähnliche Verletzung erleben, den Schmerz wieder spüren, uns so hilflos und ohnmächtig fühlen. Also passen wir auf, werfen ein wachsames Auge auf Menschen und Beziehungen.

Willst du wirklich mit deinem Wesen, deiner Liebe, deinem Vertrauen auf Dauer so haushalten? Glaubst du, das kann „gut" gehen?

Aus der Praxis weiß ich: Erfüllung und Freude bringt es nicht. Es führt oft zu ähnlichen Verletzungen, weil wir mit unseren Gedanken und Gefühlen nicht frei sind und sie so unterbewusst immer wieder aktivieren oder anziehen.

Es geht anders.
Wie?
Durch bewusste, vollkommene Loslösung. Indem du dich entschließt, den Schmerz hinter dir zu lassen und wieder „ECHT" zu leben, indem du NEUES in dir wachsen und auf dich zukommen lässt.
Du fühlst den Schmerz einmal. Voll. Und dann öffnest du dich für das, was du wirklich (wieder) erleben, fühlen, erreichen willst. Du wechselst den Fokus. Du lässt dich ein, vertraust, entspannst, lässt locker, lebst drauf los, liebst wieder. GANZ BEWUSST. Du hältst dich selbst nicht zurück. Du weißt, was du erleben willst und konzentrierst dich darauf, behältst deine Wünsche im Blick. Du tust SELBST ALLES MÖGLICHE DAFÜR. Du jammerst nicht mehr, du beendest den Trauer Modus, Switchs um. Auch wenn es am Anfang vielleicht schwer ist, so kannst du doch mit der Zeit hinderliche Gedanken und Selbstzweifel hinter dir lassen. Du weißt, dass jeder Moment, in dem du als Opfer wieder im alten Film zappst, dich neuer Erfahrungen beraubst.

Was kosten dich deine Verletzungen?
Wie viel Energie, Zeit, Gedanken verwendest du darauf?
Was würdest und vor allem könntest du stattdessen am liebsten tun?

Ganz gleich, was du erlebt hast:
Du musst nicht traurig und unglücklich bleiben.

Wunden können heilen, wenn man sie lässt.

SCHIEB DIE
BEFRIEDIGUNG
DEINER
BEDÜRFNISSE
NICHT AUF
ANDERE AB.

DAS GEHT NUN WIRKLICH ZU WEIT

Sicher kennst du sie auch: Diese unangenehmen Fragen, auf die du eigentlich nicht antworten willst, weil sie dir zu weit gehen. Und oft genug tust du es doch. Du willst schließlich freundlich sein, eine Frage nicht einfach im Raum stehen lassen und das Gespräch oder gar den Kontakt einfach unterbrechen. Du denkst dir, ich kann doch nicht antworten, sollte jetzt nicht überreagieren, und schon ist es raus. Hinterher fühlst du dich dann unwohl, du ärgerst dich innerlich, ziehst dich in dich zurück und fragst dich:

Was ist nur los?

Ganz einfach: Eine Person hat erfolgreich versucht, dich zu manipulieren. Jemand hat etwas getan, von dem sie eigentlich im Vorfeld schon selbst wusste, dass sie es eigentlich nicht hätte tun sollen, weil es neugierig, aufdringlich, übergriffig, verletzend, beschämend, anklagend usw. ist. Das hat sie ja sogar selbst ganz deutlich gesagt, und sie tut es dann doch, auch wenn sie vorgibt, es nicht zu tun - das ist das manipulative daran! Ihr persönliches Interesse, ihr persönlicher Profit oder Nutzen erscheint ihr wichtiger, als sich zu fragen, wie du dich damit fühlst und wie es sich auf eure Beziehung auswirkt.

Hier ein paar Beispiele:

„Ich will dir ja nicht zu nahe treten, aber…"
„Ich weiß, es geht mich ja eigentlich gar nichts an, aber…"
„Ich will mich ja nicht einmischen, aber…"
„Ich will dir nicht wehtun, aber…"
„Ich will nicht neugierig sein…, aber…"
„Ich will dir wirklich nichts unterstellen, aber…"
„Ich will keine Spaßbremse / kein Spielverderber / kein Schwarzmaler sein, aber…"

Das Wort „aber", so wie es hier verwendet wird, hebt das vorher Gesagte wieder auf. Wenn eine Person dir gegenüber ähnliches sagt und das Gesagte in dem Moment nicht selbst reflektiert und bemerkt, dass sie doch eigentlich genau das als nächstes beabsichtigt, tust du gut daran, sie an der Stelle freundlich zu unterbrechen und darauf hinzuweisen, dass du das, was voraussichtlich folgen wird, nicht hören möchtest. Denn, so komisch es klingt: den meisten ist ihnen gar nicht bewusst, was sie sagen und was sie - nicht nur auf der inhaltlichen, sondern insbesondere auf der Beziehungsebene - damit bewirken.
Ein guter Freund, ein Arbeitskollege, Menschen, die dich schätzen und denen die Beziehung zu dir wirklich am Herzen liegt, werden diesen Hinweis ernst nehmen, ihr Verhalten selbstkritisch hinterfragen und dir am Ende vielleicht sogar dafür danken und sich beim nächsten

Mal achtsam und respektvoll verhalten. Ich habe es schon häufig erlebt. Mit einem angemessenen Ton und passenden Worten kann es gelingen, vorsichtig ein Bewusstsein beim Gegenüber zu schaffen.

Sollte dein Gegenüber mit Unverständnis oder Verärgerung oder gar mit ähnlichen Beleidigungen reagieren, ist das unerfreulich. Du lernst in dem Moment jedoch etwas ganz entscheidendes: Du erfährst etwas über die Qualität eurer Beziehung, über die Art des Umganges miteinander und welche Motive damit jeweils verfolgt werden. Wenn es häufiger passiert und dein gegenüber sich wiederholt uneinsichtig zeigt: überlege dir gut, ob du das Gespräch / den Kontakt / die Beziehung fortführen möchtest. Wahrscheinlich schadet sie dir. Du gibst etwas Preis, das du eigentlich nicht willst (eine Information, eine Erkenntnis, eine Erfahrung, ein Gefühl etc.). Deine Intim- oder Privatsphäre wird angegriffen, du fühlst dich nicht respektiert, siehst einen intimen Bereich verletzt usw. das muss nicht sein.

Die dritte Möglichkeit ist, einfach nicht auf die oben genannten Fragen oder Äußerungen einzugehen.

Du kannst dich bewusst mit Menschen umgeben, die wertschätzende, respektvolle Gespräche, Begegnungen und Beziehungen pflegen und dein Bedürfnis, intime Bereiche deines selbst zu schützen, ernst nehmen, achten und honorieren.

Achte auch einmal auf deine Kommunikation. Vielleicht ist es dir bislang noch nicht aufgefallen, dass du ab und zu Phrasen benutzt, dir Formulierungen „rausrutschen", die du eigentlich besser nicht sagen oder fragen solltest. Vergegenwärtige dir, wie unangenehm sich das für dein Gegenüber anfühlen muss. Du hast ähnliches vielleicht schon selbst erlebt. Entschuldige dich dafür und höre ab sofort auf damit. Gehe mit gutem Beispiel voran. Lade dein gegenüber ein, es dir gleich zu tun und achtsame Worte zu wählen.

IN BEZIEHUNGEN ZU SEIN IST DEINE HERAUSFORDERUNG.

ERFOLGREICHE UNTERSTÜTZEN

Geschäftliche, partnerschaftliche oder freundschaftliche Beziehungen können sehr unterstützend und hilfreich sein, wenn es um die Umsetzung persönlicher Vorhaben geht.

Ein Existenzgründer erhält wertvolle Insider Tipps von einem Erfahrenen in der Branche. Ein Mütter-Netzwerk rührt begeistert die Werbetrommel, weil eine von ihnen eines interessanten Geschäfts Idee entwickelt hat.
Ein Manager vermittelt einem ehemaligen Angestellten, der sich gerade selbstständig gemacht hat, einen lukrativen Auftrag.
Ein Unternehmer überlässt einem Startup-Unternehmen einen Raum in seiner Firma.
Ein Mann zieht mit den Kindern um die Häuser, damit seine Frau sich in Ruhe einem beruflichen Projekt widmen kann.
Eine Großmutter schenkt ihrem Enkel einen Surf-Kurs.

Auch wenn die Beispiele recht verschieden sind,
so zeichnen sie sich durch gewisse Gemeinsamkeiten aus.

Eine Person wird in einem Vorhaben durch eine oder mehrere Personen mit einer materiellen oder immateriellen Leistung wohlwollend und vertrauensvoll unterstützt. Die Gebenden glauben daran oder hoffen zumindest, dass die uneigennützige Zugabe es dem anderen erleichtern wird, ein bestimmtes Vorhaben leicht(er) zu realisieren und zum Erfolg zu führen.
Wenn man erfolgreiche Menschen fragt, was bei ihnen der Schlüssel zum Erfolg war, so antworten diese häufig, dass neben dem persönlichen Können und harter, disziplinierter Arbeit - was zweifelsohne überhaupt die Grundvoraussetzung dafür bildet - andere Menschen eine Rolle gespielt haben. Ohne daran jemals gedacht oder es erwartet zu haben, erfuhren diese in einem entscheidenden Moment einen wertvollen Tipp oder eine bedeutsame Unterstützung. Diese Menschen erkannten offensichtlich sehr früh das Potenzial und die Erfolgschancen einer Idee, eines Projekts oder Vorhabens. Diese Menschen haben ein Potenzial früh erkannt und einen möglichen Erfolg vorausgesehen, während andere - teilweise auch die betreffenden Personen selbst - noch nichts davon ahnten oder vielleicht sogar an dessen Erfolg zweifelten und das Scheitern voraussahen.

Von welchen Menschen bist du umgeben?
Welche Unterstützer hast du auf deinem Weg?
Wie könntest du ihnen danken?
Wem möchtest du in einem vielversprechenden Vorhaben ein wenig unter die Arme greifen?

MIT KLEINEN TATEN KANN MAN SICH UND ANDEREN GROßE WORTE SPAREN.

RESPEKTLOSIGKEITEN

Respektvoll behandelt zu werden, das wünscht sich wohl jeder. Gleichzeitig bemühen wir uns selbst um eine respektvolle Haltung anderen gegenüber. Und dennoch erfahren wir in Beziehungen gelegentlich das krasse Gegenteil. Teilweise ist es unvermeidlich, denn wir können uns im Berufs- und Privatleben nicht allem und jedem entziehen.

Am schlimmsten trifft es uns, wenn uns Menschen absichtlich respektlos behandeln. Wenn sie sich also ganz gezielt in einer Weise verhalten, von der sie schon im Vorfeld wissen, dass sie demütigend oder verletzend für den anderen ist.

Schimpfwörter werden hinausgepulvert, Gesprächspartner eigenmächtig herab oder unter Druck gesetzt. Es wird manipuliert, vorgespielt, hinters Licht geführt. Es wird belogen, betrogen, der persönliche Vorteil herausgeschlagen. Werte werden ad absurdum geführt, übergriffiges kaschiert und geduldet, anderes bis aufs Mark kritisiert. Es wird gefochten, in Worten, in Taten, manchmal, bis die Nerven blank liegen. Beziehungen werden auf die Probe gestellt, auch wenn es weh tut. Das Ego kennt und will keinen Ausweg.

Einfach damit aufhören und souverän mit der Liste der Respektlosigkeiten umgehen, das wäre erstrebenswert. Aber jeder, der schon einmal in einem heftigen Zwist oder Streit gewesen ist, kennt die Schwierigkeit: Gefühle verlieren an Boden, Gedanken an Kontrolle. Respektlosigkeiten lassen sich nicht einfach so aufhalten, ebenso wenig aushalten.

Wichtig erscheint mir zu erkennen, dass Respektlosigkeiten vielleicht wie aus dem heiteren Himmel zu kommen scheinen, in Wahrheit aber einem tief liegenden Konflikt entspringen und auf diesen hinweisen. Wer mit Respektlosigkeit klar kommen will, sei es mit der eigenen oder der der anderen, kommt nicht umhin, sie zu ergründen.

Wenn ich also jemandem an den Kopf werfe, dass er / sie ein Depp, ein Vollidiot oder eine dumme Gans ist, lohnt es sich mal zu fragen:
Wie komme ich eigentlich darauf, dass er / sie ein Depp, ein Vollidiot / eine Dumme ganz ist?
Wie und wieso komme ich, wenn vielleicht auch unbewusst zu dieser Bezeichnung?
Gibt es etwas, das mich schon länger in Bezug auf die Person stört, und was ich mich bisher nicht traute auszusprechen oder zu zeigen?
Ist es angemessen, so über diese Person zu denken und mich ihr gegenüber derart respektlos zu verhalten?
Was gilt es zu klären, damit wir uns wieder respektvoll und auf Augenhöhe begegnen können?

Wenn man von einer anderen Person respektlos behandelt wird, kann man sich fragen:

Wie kommt mein Gegenüber dazu, mich als Vollidiot usw. zu bezeichnen?
Mit welchem Verhalten könnte ich seinen Unmut auf mich gezogen haben?
Was passt auf der Beziehungsebene gerade grundsätzlich nicht?
Wie könnte ich möglichst sofort wirksam vermitteln, dass ich respektloses Verhalten
(auf Dauer) nicht mittragen werde?
Was könnte ich selbst aktiv tun, um wieder respektvoll behandelt zu werden?

Zweifellos können Respektlosigkeiten unheimlich verletzend sein und sogar so weit gehen, dass sie Beziehungen zerstören. Trotzdem passieren sie. Es ist menschlich, sich nicht immer im Griff zu haben und auch mal aus der Haut zu fahren. Wichtig ist, dass dies nicht andauernd passiert, und dass wir uns im Ausmaß und im Ausdruck begrenzen können. Auch sollten wir einen Weg finden, wie wir uns in Zukunft noch etwas besser verhalten können. Dazu sollten wir zunächst bei uns selbst genauer hinschauen und heraus finden, was uns so grundlegend stört, dass wir uns in bestimmten Situationen nicht mehr „vernünftig" verhalten und kommunizieren können. Erst, wenn wir erkannt haben, wo etwas in Schieflage geraten ist, können wir aufhören uns schräg zu verhalten und den Konflikt klären.

Wie verhältst du dich, wenn du respektlos bist?
Wann hast du dich zuletzt respektvoll verhalten?
Worum könnte es auf einer tieferen Ebene gehen? Was stört dich grundsätzlich?
Wie könntest du für (echte) Klärung sorgen?

DU DARFST ANDERS
SEIN ALS DIE
ANDEREN. SIE SIND
AUCH NICHT WIE DU.

LEBEN. MIT DER REALITÄT.

Es gibt Menschen, die schon morgens beim Aufstehen einen Grund finden, um mit „ihrer" Welt im Unfrieden zu sein.

Das Wetter ist ungemütlich, die Frisur sitzt nicht, der Nachbar nervt, das Telefon klingelt zu oft, die Arbeit im Team läuft nicht, ein Kunde kommt zu spät, die Einnahmen sind zu niedrig, die Karriere stagniert, die Kinder verstehen sich nicht, die Stimmung in der Familie ist angespannt, unruhig, der Partner meldet sich nicht, wir fühlen uns unwohl. Zweifel werden laut. Anlässe um sich aufzuregen findet man - wenn man will - überall…

Es könnte doch so schön, so leicht, so harmonisch sein… Wieso kann nicht einfach mal alles glatt laufen, so, wie ich es will?

Ja, die Wahrheit ist: So einfach ist es leider nicht. Leben verläuft in Kurven, bedeutet auf und auch ab. Auf vieles können wir Einfluss nehmen, und doch werden wir tagtäglich mit Dingen, Menschen und Situationen konfrontiert, die uns unsere Begrenztheit, unsere Ohnmacht, unsere Andersartigkeit vor Augen führen. Auch wenn wir es uns manchmal so sehr wünschen: Bestimmte Entwicklungen, Zustände, Gefühle, Erfolge… lassen sich nicht erzwingen. Manchmal kann man nichts Besseres tun als die Welt um sich herum anzunehmen, wie sie ist und sich nicht länger über alles und jeden den Kopf zu zerschlagen.

Manche Menschen tun sich besonders schwer damit bestimmte Realitäten zu akzeptieren und versuchen krampfhaft eine Veränderung herbeizuführen. Das kann so weit gehen, dass sie Menschen und Informationen manipulieren, sie können oder wollen einfach keinen Sinn im Reellen erkennen. Die Welt muss einfach ins eigene Bild passen, ob sie will oder nicht, und es wird so lange daran gedreht, wie es nur geht. Und auch, wenn man selbst dabei müde wird und sich und anderen etwas vorgaukelt und es am Ende (natürlich) nicht klappt, man hat es zumindest versucht.

Auf Dauer ist ein solches leben frustrierend und deprimierend. Wer zwischen dem, wie es ist und dem, was er will, ständig eine riesige Kluft sieht, verliert die Lebenslust und den Lebensmut. Er sieht nicht mehr, was er hat, wo es eigentlich gut läuft, wo es doch funktioniert und stimmt. Er versteift sich auf ein Bild von der Welt, das mit der echten wenig gemein hat: Es ist perfekt, immer richtig, aalglatt. Man könnte auch sagen egoistisch, überzogen und ziemlich ‚verrückt'.
So funktioniert Leben nicht.
Es „funktioniert" überhaupt nicht.
Es ist einfach.
Das Leben ist, wie es ist.

Wenn wir es schaffen, mit uns und unserer (Um-)Welt zu leben und uns zumindest zeitweise auch begnügen und dankbar sein können, für das, was wir schon haben und schon geschafft haben, können wir zufrieden leben.

Wir können Freude empfinden und uns stolz und mächtig fühlen, auch wenn wir die Welt nicht aus den Angeln heben können. Und dennoch geht es „weiter", gibt es Sinnvolles zu tun, und können wir ehrgeizige Ziele haben, unsere Welt mitgestalten. An Tagen aber, an denen nichts geht, dürfen wir uns wundern. Wir dürfen uns abfinden und begnügen: Wir sind nicht der Nabel der Welt. Die Welt ist mächtig, sie ist vielfältig, gewaltig. Und auch wenn sie uns nicht immer gefällt, und wir manches gerne anders hätten: Wir können doch ganz gut in ihr leben und sie in weiten Teilen gestalten.

MENSCHEN TUN, WAS SIE MÖGEN, MANCHMAL SO VERBISSEN, DASS SIE KAUM NOCH DEN MUND AUFKRIEGEN.

SCHON TAUSEND MAL VERSUCHT…

Immer wieder passiert es, dass Klienten zu mir kommen und denken, sie hätten ein bestimmtes Denk- oder Verhaltensmuster hinter sich gelassen. Sie denken, sie haben verstanden, warum sie es tun. Sie denken, sie haben schon so oft daran gearbeitet, dass es sie so schnell nicht wieder ‚überkommen' kann. Sie sind überzeugt, dass sie sich selbst nicht mehr auf den Leim gehen und schon erkennen werden, wenn ein altes Verhaltensschema wieder greift. Sie wähnen sich in Sicherheit, meinen, sie haben es geschafft.

„Endlich gelingt es mir, Kontrolle abzugeben…"
„Endlich versuche ich, nicht mehr anderen zu gefallen…"
„Endlich schaffe ich es, mich abzugrenzen…"

Und nach einer Weile vergeht die Euphorie, und sie merken, dass sie in ihrem „neuen Sein" irgendwie nicht glücklich und entspannt sind. Sie können sich nicht konzentrieren, schlafen unruhig, erledigen Aufgaben lustlos, sind umtriebig und genießen selbst schöne Momente nicht. Irgendetwas stimmt nicht… aber was? Eigentlich hätten sie doch jetzt allen Grund sich zu freuen. Was ist nur los?

In der weiteren Arbeit zeigt sich dann, dass sie es nur oberflächlich geschafft haben, eine Veränderung zu erwirken. Ihr Verhalten und vor allem ihr Denken folgen in manchen Situationen noch immer dem „alten Programm", teilweise so subtil, dass es ihnen selbst überhaupt nicht auffällt und vor allem nicht bewusst ist. Erst die Spiegelung im Coaching, was bei mir ankommt, was ich höre und sehe, bringt oft Klarheit über das, was auf einer tieferen ebene beim Klienten „abgeht".

Eine Frau mischt sich nicht mehr in die Streitigkeiten ihrer Geschwister ein, sie geht aus dem Raum, wenn sich ein Konflikt anbahnt. Sie erzählt, dass sie es nun endlich schafft, sich nicht mehr einzumischen. Trotzdem hat sie jedes Mal einen Kloß im Hals, wenn sie ihre Geschwister trifft.

Ein Mann, der in die Selbstständigkeit gewechselt ist, freut sich, dass er den Sprung endlich gewagt hat und nun die Möglichkeit hat, seine Arbeitszeit selbst bestimmen zu können. Er hat viele Ideen, die er umsetzen will, und stürzt sich mit dreihundert Prozent in das neue Feld. Er wirkt ausgelaugt, müde, fahrig.

Eine Frau macht eine Ausbildung zur Töpferin, ihr selbst formuliertes Ziel ist es sich in einem Jahr in Vollzeit der handwerklichen Kunst zu widmen, sie arbeitet seit Wochen an einem Business Plan. Als zwei ihrer Ausbildungskolleginnen Pläne für eine eigene Ausstellung schmieden, sagt sie kein Wort und fühlt sich innerlich blockiert. Eigentlich würde sie sich gerne beteiligen, aber sie hält sich zurück…

Die Beispiele haben gemeinsam, dass die Personen im Großen und Ganzen zwar schon ihrem persönlichen Ziel folgen und vieles dafür tun, um es zu erreichen, sich dabei aber dennoch unwohl fühlen. Sie haben noch keine selbstverständliche Haltung entwickelt und verhalten sich weder wirklich autonom, noch selbstbestimmt und „innenfrei". Sie sind in irgendeiner Weise noch mit einem alten Denk- oder Verhaltensmuster verhaftet.

Ein wirklich gelöstes, freies Verhalten würde anders aussehen… es zeichnet sich aus durch selbstbewusstes, flexibles, unabhängiges Interagieren.

Wenn die Frau im ersten Beispiel davon überzeugt wäre, im Streit ihre Position vertreten zu können, könnte sie von Situation zu Situation entscheiden, ob sie sich in einem Konflikt einbringen möchte, weil es ihr wichtig ist, oder lieber zurückziehen. Sie würde sich, wenn es sein muss, vielleicht sogar trauen, ihren Geschwistern einmal mutig die Meinung zu geigen. Sie würde souverän und flexibel vorgehen und situativ entscheiden.

Der Mann, der in die Selbstständigkeit gewechselt ist, vertraut noch nicht darauf, dass er in seinem neuen Business Erfolg haben und ausreichend Lebensunterhalt verdienen wird. Darum arbeitet er mehr als ihm eigentlich lieb ist und geht über seine Kraft hinaus. Er ist innerlich unfrei und bestimmt seine Zeit nicht selbst, er wird gesteuert durch seine Angst.

Die Töpferin hat einen großen Plan und arbeitet intensiv daran. Wenn es aber darum geht, sich selbstbewusst zu zeigen, macht sie sich klein. Ihre Angst ist zu groß, dass andere ihr sagen könnten, ihre Arbeiten seien nicht gut genug. Sie ist von ihrem Können noch nicht hundert Prozent überzeugt, auch wenn sie „so tut" und an einem neu Anfang „bastelt".

Auch wenn scheinbar alles stimmt, die Voraussetzungen optimal und die Strukturen für ein neues Leben, Arbeiten und Wirken geschaffen sind, so stehen wir uns doch manchmal noch selbst im Weg. Wer mit inneren Gegenspielern kämpft, verliert Kraft, beraubt sich der Freude über den eigenen Fortschritt und verliert Mut. Wer sich selbst sabotiert, erlebt keinen echten Fortschritt. Nur wer auch innerlich hinter sich steht und seine Fähigkeiten und sein „Vermögen" kennt, verändert sich durch und durch.

Wer - wirklich - erkannt hat, was er will UND kann, akzeptiert keine Gegenspieler mehr.
Auch keinen inneren.

DU SOLLTEST
AB UND ZU
EIN BISSCHEN
MIT DIR SPIELEN.

WAS LÄSST DU DIR AUFDRÜCKEN?

In vielen Branchen, und leider besonders auch im Coaching-Sektor, stelle ich eine Übergriffigkeit fest, die mich zunehmend ärgert.

Newsletter und Angebote werden ohne vorherige Einverständniserklärung geschickt. In Facebook wird man ungefragt zu Gruppen hinzugefügt. Kontakte werden geknüpft, um im nächsten Schritt ein Programm zu bewerben oder zu verkaufen. Man wird für Gastbeiträge in Blogs, Interviews und Foren geladen. Gespräche und Zusammentreffen werden lanciert, um gratis einen Tipp zu bekommen.

Die Beweggründe:
Man möchte das eigene Business vorantreiben, möglichst leicht an potentielle Kunden kommen, die eigenen Angebote und Dienstleistungen breit streuen, den persönlichen Bekanntheitsgrad erhöhen. Dabei wird natürlich immer suggeriert, dass es um eine „gute Tat" für den Empfänger geht und dass etwas ja gänzlich wohlwollend mit dem Herzen herangetragen wird. Es werden Versprechungen gemacht, dass es für die eigene persönliche, gesundheitliche, berufliche oder finanzielle Entwicklung ganz gewiss förderlich sei - mit einem breiten Lächeln, ohne mit der Wimper zu zucken, wirklich ganz nonchalant. Ein schlechtes Gewissen haben dabei die wenigsten. Das eigene Fortkommen, der eigene Erfolg, der Absatz zählt.

Wenn man sich in der Reaktion darauf selbstbewusst abgrenzt und sich für die Einhaltung persönlicher - auch professioneller - Grenzen ausspricht, erntet man oft Erstaunen und Unverständnis. Das eigene Verhalten wird nicht reflektiert, beim anderen Interesse einfach vorausgesetzt. Ich finde das erschreckend. Ich würde mich schämen, wenn ich auf diese Art und Weise versuchen würde, an Klienten oder wertvolle Informationen zu kommen.

Warum bitten Menschen nicht einfach im Vorfeld um Zustimmung, wenn sie Informationen, Angebote usw. übermitteln wollen? Wieso formulieren sie nicht direkt und konkret ihr Anliegen, wenn sie jemanden in irgendeiner Weise einbinden wollen? Es bedeutet nur einen minimalen Zeitaufwand, keine große Arbeit. Das Gegenüber hätte die Chance sich zu entscheiden, und die (Geschäfts-)Beziehung könnte sich „bewusst" vertiefen.

Doch viele umgehen diesen Schritt. Die Angst vor dem „Nein", der Ablehnung überwiegt. Außerdem setzen viele auf die Bequemlichkeit vieler Menschen. Viele lassen ihr Postfach lange überquellen und sich von Mails berieseln, bis sie sich abmelden. Und wer weiß, vielleicht wird irgendwann ja doch einer schwach und beißt irgendwann an. Man muss den Markt penetrieren, und außerdem fühlt es sich besser an, fünfhundert Menschen anzuschreiben, als nur die vergleichsweise wenigen hundert Gefragten, Interessierten.

Es gibt Menschen, die auf ihre Briefkästen „bitte keine Werbung einwerfen" kleben. Im digitalen Bereich gibt es so etwas leider nicht. Darum möchte ich hier dazu ermutigen, das eigene Feld selbstverantwortlich zu bereinigen. Man kann deutliche Zeichen setzen, wenn man will, z.B. in dem man sich von allem abmeldet, wozu man sich nicht freiwillig angemeldet und bereit erklärt hat.

Möchtest du von jemandem etwas kaufen, mit jemandem zusammen arbeiten, von jemandem beraten werden, der dich schon beim Erstkontakt nicht respektiert hat und offensichtlich keinen besseren Weg kennt ,sein Business bekannt zu machen und auszubauen?
Folgst du lieber denen, die dir die Wahl überlassen, ob du zugreifst?
Suchst du nach jenen, die dich still respektieren und für die es einen Wert hat, wenn du selbst aus freien Stücken „ja" sagst und die Beziehung schon von Anfang an auf einer professionellen Basis und Vertrauen basiert?
Wo willst du künftig selbst entscheiden, was du willst oder brauchst?

DU BESTIMMST, WIE GROß DU WIRST.

VERTRAUENSWÜRDIG?

Wie umfassend unser Vertrauen in andere Menschen alltäglich ist und wie selbstverständlich wir meist ihre Hilfe und ihre Dienste in Anspruch nehmen, ist uns oft nicht bewusst.

Eine OP steht an, wir vertrauen darauf, dass der Arzt sein Bestes geben wird. Während wir schlafen, schiebt der Bäcker unser Lieblingsbrot in den Ofen. Wir steigen in den Flieger ohne den Piloten zu kennen. Wir delegieren Aufgaben an Mitarbeiter, Fachkräfte, externe Dienstleister, Anwälte. Kinder werden betreut durch Erzieher, Lehrer, Babysitter. Wir nehmen an, dass sie ihre Arbeit gut machen: Engagiert, verlässlich, kompetent, konzentriert bei der Sache, mit Herz und Verstand.

Ich könnte noch viele Beispiele bringen, in denen Menschen tagtäglich Sorge dafür tragen, dass wir unser Leben leben können. In vielen Situationen setzen wir es einfach voraus, unterbewusst. Misstrauen und Unbehagen zeigen sich meist, wenn etwas nicht „funktioniert", wie wir es gewohnt sind oder erwarten.

Wem bringst du tagtäglich Vertrauen entgegen?
In welchen Bereichen erlebst du beinahe selbstverständlich, dass „es läuft", ohne dass du dich groß darum kümmern musst? Welche Arbeiten verrichten andere Menschen für dich?

Es kann nicht schaden, sich immer wieder einmal bewusst zu machen, wie sehr unser Leben, unser Wirken, unser persönliches und berufliches Fortkommen mit dem Zutun anderer Menschen verwoben ist. Wir sind keine unsterblichen Superhelden, die alles können, über Zauberkräfte verfügen und auf nichts und niemanden angewiesen sind. Wir haben begrenzte Lebenszeit, begrenzte Kraft, ein bestimmtes Talent, und es ist unheimlich viel wert, wenn andere Menschen uns mit ihren Fähigkeiten und Diensten ermöglichen, tagtäglich das zu tun, was wir am besten tun können und was wir lieben.
Sie erleichtern und bereichern unser Leben.

Wir sollten nicht vergessen, uns hin und wieder dafür zu bedanken, und mehr noch, wir sollten uns vor allem auch immer wieder einmal vor Augen führen, in welchen Bereichen uns andere Menschen vertrauen und uns etwas anvertrauen, das für sie von Bedeutung und von Wert ist. Ich empfinde es als ein großes Privileg, wenn Menschen zu mir kommen und sich mir mit ihren Träumen, mit ihren Wünschen und Fragen an das Leben anvertrauen. Gleichzeitig bedeutet es eine hohe Verantwortung. Meine Aufgabe ist es, ihr Vertrauen nicht zu enttäuschen und sie in ihren Vorhaben auf beste Weise zu begleiten
und zu unterstützen.

Wer vertraut dir?

In welchen Bereichen?

Wie gewissenhaft, wie zuverlässig und kompetent übernimmst du Aufgaben und Arbeiten?

Wo kannst du das Vertrauen anderer leicht verlieren?

Wo bist du manchmal vielleicht etwas nachlässig oder schludrig?

Wo zeigst du noch nicht genug Verantwortung?

Was kannst du tun um noch „vertrauenswürdiger" zu sein?

DAS LEBEN SPIELT MIT GEGENSÄTZEN.

NEUES KÖNNEN, ALTES WISSEN

Neuentwicklungen sind im Allgemeinen erstrebenswert. Immer weniger Menschen möchten heute noch auf den Drahtesel von vor zwanzig Jahren steigen, mit einer alten Drehscheibe telefonieren oder sich mit einer Kamera ablichten, die keine vorprogrammierten Filter besitzt. Viele Produkte, die wir heute erwerben können, erleichtern uns die Fortbewegung, die Kommunikation, die Selbstversorgung usw. insbesondere leistungsstarke Speicher und Messgeräte nehmen uns vieles ab, sparen Zeit und schaffen Raum für andere Aktivitäten.

Telefonnummern müssen wir uns nicht mehr unbedingt merken, unseren Blutdruck erfahren wir mit nur einem Knopfdruck, das Navy bringt uns, wohin wir wollen, die Koch Box liefert das ausgewogene Essen, Tender verknüpft willige Herren und Damen, und Google, Wikipedia und YouTube flüstern uns alles, was wir nicht (mehr) wissen, aber doch zumindest mal für einen Moment auf dem Schirm haben wollen. So schön, so gut. Das Leben ist so einfach geworden, oder nicht?

Ich finde, in vielerlei Hinsicht sind die neuen Entwicklungen wirklich erstrebenswert. Bedenklich finde ich jedoch, wenn nicht nur bei den Abnehmern und Käufern - den Laien - sondern auch in den Berufen wertvolles Wissen und handwerkliche Fertigkeiten verloren gehen, weil Maschinen, Computer und Programme elementare Funktionen übernehmen, und es scheinbar nicht mehr nötig ist, sie selbst zu kennen und anzuwenden.

Es macht zweifelsohne Spaß, sich mit einem Radl fortzubewegen, das dem neusten Stand der Technik entspricht und sich selbst auf unebenem Boden geschmeidig treten lässt. Gefährlich finde ich, wenn der Radl-Bauer es nicht mehr zerlegen und nachrüsten kann, weil es ihm zu aufwendig ist, weil er nur noch einen kleinen Satz Schrauben besitzt, und er ohnehin lieber ein neues verkauft. Auch finde ich bedauerlich, wenn Nachwuchskräfte im Bereich Bildgestaltung und -bearbeitung zwar die Menüs der neusten Hochleistungskameras in und auswendig kennen, selbst aber nicht mehr in der Lage sind, die Schärfe von Hand zu ziehen oder Licht richtig zu setzen. Infolgedessen fehlt vielen das Gefühl für das „richtige" Bild. Ebenso schade ist, wenn Apotheker die Zusammensetzung und Wirkweise von Arzneien nicht mehr erklären können, weil sie sie hauptsächlich nicht mehr selbst herstellen.

Fatal finde ich, wenn Menschen meinen, sich in ihren jeweiligen Berufen ein bestimmtes Grundwissen und -verständnis nicht (mehr) aneignen zu müssen. Wem es nicht wichtig ist, in seinem Berufsstand über eine gewisse Expertise zu verfügen und meint auf die Geschichte, das Elementare und große Zusammenhänge verzichten zu können, verdummt auf eigene Kosten. Wer so denkt, beschränkt auch seine Kunden. Was, wenn eine komplexe Frage aufkommt? Was, wenn er genau wissen will, wie und warum etwas funktioniert?

Wer oberflächlich arbeitet und sich mit Speziellem und den Feinheiten nicht auskennt, wird solchen Fragen schnell ausweichen. Experten werden antworten.

Wie kannst du in deinem Beruf dafür sorgen, dass wertvolles Wissen nicht verloren geht und auch in Zukunft zur Anwendung kommt?
In welchen Bereichen verlässt du dich manchmal zu sehr auf Hilfe von außen?
Über welches Spezialwissen verfügst du, und wie kannst du es auch in Zukunft zum Wohl deiner Kunden wirkungsvoll einsetzen?
Welches spezielle Wissen und welche Fähigkeiten fehlen dir noch, um dich als Expertin / Experte auf deinem Gebiet bezeichnen zu können?

WOFÜR WILLST DU DENN EXPERTE SEIN?

STILLSTAND ODER ENTWICKLUNG

Unser Selbstbewusstsein, unser Einkommen, unsere Fitness, unsere Ernährung, unsere Beziehung, die Kindererziehung, der Lifestyle… Alles lässt sich heutzutage bis ins scheinbar Unermessliche optimieren. Die Zeitschriften, die Sachbücher, die sozialen Medien sind voll von Anregungen und Angeboten, die die eigene Persönlichkeit und das Leben auf „Erfolg trimmen". Es gibt kaum noch jemand, der sich selbstbewusst ausklinkt und sagt „Hey, danke, ich komme gerade ganz gut mit mir und meinem Leben zurecht und bin ehrlich zufrieden im Augenblick."

Immer mehr Menschen nehmen in den Blick, was noch nicht ist, was noch fehlt, was noch ansteht, was es aufzulösen, loszulassen und zu bewältigen gilt. Selbstzufriedenheit? Weit gefehlt. Unsere Gesellschaft krankt am Selbstoptimierungstrip. Gut ist zwar gut, aber eben nicht gut genug. Es geht noch besser, noch schöner, noch erfolgreicher, noch unabhängiger, freier. Manche glauben, ein perfektes Leben kreieren zu können, und wundern sich dann, wenn es nicht funktioniert.

Das krankhafte an-sich-arbeiten-Müssen wird leider unterstützt von geldgeilen Coachs, die ihre Klienten glauben machen, dass ein Thema immer angeschaut werden muss und dass es gefährlich ist, wenn man es nicht sofort bearbeitet. So vergessen oder verlernen viele, wahrzunehmen, wann es „auch mal gut" ist und es darum geht einen Zustand wirklich zu (er)leben und besser noch zu genießen. Ein Ziel ist erreicht, z.B. ein Karrieresprung gemacht oder eine Beziehung gerettet, schon muss das nächste „herhalten". Manche arbeiten ständig an irgendwelchen Baustellen und verlieren so das Wesentliche aus den Augen: Das Leben auch mal einfach zu leben, es zu lieben, es auszuhalten, selbstzufrieden.

Ich frage meine Klienten nach umfangreichen Veränderungen, wie sie sich selbst etwas Gutes tun und sich eine Verschnaufpause gönnen, um neue Kraft zu sammeln. Denn das Leben wird uns immer vorantreiben und -bringen und uns deutlich signalisieren, wenn etwas überholt und nicht mehr stimmig ist. Wir werden den Zeitpunkt schon bemerken, wann wir uns aufmachen sollten, etwas in unserem Berufs- oder Privatleben zu verändern. Erfahrungsgemäß ist es unumgänglich, denn wenn eine Veränderung wirklich ansteht, wird das bisher Gelebte oft unerträglich, etwas in uns sperrt sich plötzlich und / oder es stellt sich uns im Außen so vieles in den Weg, dass wir gar nicht anders können, als Veränderungen einzuleiten.

Mir geht es überhaupt nicht um Stillstand oder gar um Verweigerung, wenn ein bestimmter Entwicklungsschritt oder eine einschneidende Veränderung ansteht. Doch müssen wir nicht ständig auf der Suche nach neuen Themen und Möglichkeiten sein um unser Leben zu optimieren. Wir müssen nicht alles aktiv an uns heranziehen und nicht ständig im „Bearbeitungsmodus" sein.
Wir dürfen SEIN.

STILLSTAND IST NICHT
BESTÄNDIGKEIT, UND
ENTWICKLUNG IST
NICHT ZWANGHAFTE
SELBSTOPTIMIERUNG.

GO WITH THE FLOW

Absolut im Trend ist derzeit, sein Leben in eine Work-Life-Balance zu bringen und sich Stress - weder im Job noch im Privatleben - so weit als möglich nicht mehr auszusetzen. Wir alle wissen: Wer zu viel in die Karriere, den Job, die Beziehung oder die Familie investiert, bezahlt langfristig mit der eigenen Gesundheit, mit Lebenszufriedenheit und Leichtigkeit. Nicht ohne Grund florieren in Städten die Meditations- und Yoga-Studios, das Slow-Food -Business und kleine Auszeit-Treatments. Längst geht es nicht mehr darum, nur im Business als Mann oder Frau gut dazustehen, sondern im Leben insgesamt. Viele wollen den Erfolg, sind aber oft nicht bereit, mehr als hundert Prozent zu geben. Das Konzept der Work-Life-Balance unterstützt diesen Gedanken und macht vielen vor, mit den richtigen Zielen, Prioritäten und Strukturen könne man tatsächlich alles unter einen Hut bringen und sich so in einen innerlich wie äußerlich gesunden, harmonischen Lebenszustand bringen. Er suggeriert, man könne entspannt und stressfrei auf seinen Erfolg zusteuern.

Ich gehe hier nicht ganz mit. Meiner Meinung nach besteht das Leben aus intensiven, anspruchsvollen und kräftezehrenden Perioden auf der einen UND aus gemächlichen, überschaubaren, ruhigen Perioden auf der anderen Seite. Natürlich wissen und spüren wir, was wir gerade (eher) brauchen, damit es uns gut geht, und wonach wir uns sehnen. Und dennoch können wir nur begrenzt Einfluss darauf nehmen, was in unserem Leben als nächstes ansteht und uns herausfordert. Krisen lassen sich nicht planen.
Konflikte richten sich nicht nach persönlichen Kapazitäten. Wunder passieren nicht im richtigen „Moment", und Erfolge stellen sich nicht „einfach" ein.
Meine Erfahrung ist, dass das Leben meist nicht dem Konzept folgt, das wir uns so schön überlegt und unserem Leben auf den Leib geschneidert haben. Mir ist aufgefallen, dass Menschen, die sich übertrieben viele, beinah künstliche Ruhe- und Erholungsphasen verordnen, um nicht in ein Burnout oder ähnliches zu geraten, oft ein erhebliches Defizit haben, ihr Leben mit Entschlossenheit, Kraft und Schwung zu gestalten. Sie sitzen fest im Psycho-Wellness, haben Angst vor dem „echten" Leben, trauen sich immer weniger zu und verlieren an Selbstwert. Gleichzeitig hoffen sie, dass ihnen das Gute schon zufallen und das Nötige schon auf sie zukommen wird. sie lassen das Schicksal für sich arbeiten. An dieser Stelle muss ich mich wirklich zurückhalten, um nicht laut zu lachen. Aber natürlich gibt es auch die Kehrseite: Menschen, die nicht mehr ohne einen gewissen Druck können und ihn brauchen, um sich zu spüren, die ins Bodenlose fallen, wenn sie nicht in anspruchsvolle Aufgaben, Arbeiten oder Projekte verstrickt sind. Sie laufen Gefahr, in den Wellen, die sie machen, unterzugehen.

Ich empfehle, ein Gespür dafür zu entwickeln, in was für einem „Flow" man sich gerade befindet und dann bewusst zu entscheiden, was im Leben ansteht und wozu man seine Zeit und seine Kräfte einsetzen möchte. Wenn wir uns beruflich auf einen neuen Weg begeben wollen, ist es absolut okay und wohl möglich sogar erfolgsentscheidend, auch einmal über die gewöhnlichen Grenzen hinaus zu gehen und wirklich alles zu geben. Wenn sich abzeichnet, dass wir von außen Support und Rückenwind bekommen können, wäre es unter Umständen fatal, diesen nicht zu nutzen und zugunsten der „eigenen Erholung" auf später zu verschieben. Menschen, die vorankommen wollen, nutzen die Chancen, die sich ihnen bieten, suchen sie aber auch nicht krampfhaft, wenn sich in bestimmten Perioden keine bieten. Dazu ein schönes Bild: Du befindest dich in einem Boot auf einem Gewässer. Du bist schon eine Zeit gerudert und fühlst dich körperlich ein wenig erschöpft. Bis zum Anlegepunkt ist es noch ein gutes Stück Weg, und du fragst dich, ob du eine Pause einlegen oder „durchrudern" sollst. Eine starke Strömung kommt auf. Was tust du? Du kannst mit der Strömung rudern, oder aber deine Kraft aufwenden, um dein Boot auf einem Punkt zu halten. Manche Menschen kämpfen tatsächlich krampfhaft für diese Ruhe, und rudern dann „ewig lang" um anzukommen, wenn sich der Sturm gelegt hat. Andere segeln, powern durch, und erholen sich ausgiebig, wenn sie angekommen sind.

Wie ist deine Einstellung zu Arbeit und Erholung? Wo versuchst du gerade krampfhaft für Ruhe zu sorgen, obwohl etwas ganz anderes ansteht?
Was hast du in letzter Zeit vollbracht, auf das du mit Recht stolz sein kannst? Wie lässt du es dir nach einer anstrengenden Phase gut gehen?

DU DARFST DURCHS
LEBEN RENNEN,
GEHEN, LAUFEN,
HÜPFEN, SPRINGEN,
TANZEN...
STRAUCHELN.

ALLEINE ODER GEMEINSAM

Wer plant, sich mit einer Geschäftsidee in die Selbstständigkeit zu begeben, sieht sich häufig vor die Frage gestellt, ob er sie alleine umsetzen oder noch andere Menschen mit ins Boot holen sollte. Wer eine Idee ohne die Mitwirkung von anderen realisiert, hat den Vorteil, dass er in der Entwicklung und Umsetzung seines Konzepts und wichtigen Entscheidungen weitgehend frei und ungebunden ist. Besonders innovative, ungewöhnliche oder provokative Projekte können leichter ins Leben gerufen werden, weil keine mehrheitliche Zustimmung erforderlich ist. Vieles kann mit dem Einsatz entsprechender Mittel einfach umgesetzt werden, allerdings trägt man die Verantwortung und die Arbeitslast allein.

Ruft man ein neues Vorhaben gemeinschaftlich ins Leben, so stehen die gegenseitige Inspiration, eine gemeinsame Weiterentwicklung und der Zusammenhalt auch in schwierigen Phasen im Vordergrund. Besonders aufwendige, umfangreiche und kostspielige Projekte lassen sich gemeinsam gut umsetzen, wenn Verantwortlichkeiten, Investitionen und Aufgaben im Verbund geschultert werden. Gleichzeitig birgt dieser Weg größeres Konfliktpotential, Vorhaben können im schlimmsten Fall torpediert und sabotiert werden.

Plant man Unternehmungen besser einsam oder gemeinsam? Die Entscheidung ist im Einzelfall zu treffen. Es gilt, genau zu ermitteln, welche Gründe dafür oder dagegen sprechen. Ich habe in meinen Coachings schon oft erlebt, dass Klienten eine „gemeinsame Sache" machen wollten, allerdings aus zweifelhaften Beweggründen. Zum Beispiel fürchteten sie, im Falle eines autonomen Vorgehens die Gunst ihrer Kolleginnen und Kollegen zu verlieren oder mit dem Vorhaben zu sehr ihr Gesicht zu zeigen und sich zu blamieren. Dabei wollten sie eigentlich am liebsten frei und unabhängig arbeiten und sich nicht zu sehr mit anderen verbandeln. Andere Klienten planten ihrer frühen Prägung entsprechend einen unternehmerischen Alleingang. Sie waren es einfach zu sehr gewohnt, sich durchzubeißen und die Arbeit alleine zu machen. Dabei war es für sie eigentlich wichtig, sich Entlastung und Input von außen zu holen.

Manchmal braucht es auch eine flexible Kombination aus beidem, d.h. bestimmte Bereiche oder Phasen werden alleine realisiert, andere in Zusammenarbeit.

Grundsätzlich sollte sich jeder, der überlegt in Richtung Selbstständigkeit zu gehen, sich darüber im Klaren sein, dass sie immer ein gewisses Maß an Autonomie, Autarkie, Durchsetzungskraft und Unabhängigkeit erfordert.

Wie gestaltest du deinen unternehmerischen Weg?

PLATZ FÜR IDEEN, ERKENNTNISSE, ENTSCHLÜSSE. GESTALTE DEINE PERSÖNLICHEN DENKZETTEL.

ZIEHE DEINE GRENZEN UND GEHE UM DIE WELT.

Zeitfracht Medien GmbH
Ferdinand-Jühlke-Straße 7
99095 Erfurt, Deutschland
produktsicherheit@kolibri360.de